PAOLO PIZZO
con MAURIZIO NICITA

LA STOCCATA VINCENTE

NUOVA EDIZIONE AGGIORNATA

Sperling & Kupfer

Salvo dove diversamente indicato, le foto dell'inserto sono di Augusto Bizzi.

Pubblicato per

Sperling & Kupfer

da Mondadori Libri S.p.A.

ISBN 978-88-200-7730-3

I Edizione settembre 2023

Anno 2023-2024-2025 - Edizione 1 2 3 4 5 6 7 8 9 10

A tutti quelli che ogni giorno lottano
per la vita distillandone ogni goccia con gioia

Indice

1

La giornata perfetta

Buio tutto intorno. Luci sulla pedana. È come se vedessi sfocato attorno e solo l'avversario come bersaglio, ben focalizzato. Il frastuono del palasport di Catania, la mia Catania, si è spento di colpo. Tutti ammutoliti, si rendono conto che siamo al momento cruciale. Mi gioco il titolo mondiale in una stoccata. Bas Verwijlen, l'olandese, ha sbagliato la sua ultima mossa. Ora comando l'azione successiva, l'inerzia è tutta mia, dura pochissimi secondi ma li assaporo come fossero anni. Ho la consapevolezza di aver vinto: non è presunzione, è il controllo perfetto di me stesso. Una sensazione unica, che spero di poter provare ancora su una pedana. Lui indietreggia e vado a bersaglio: lo colpisco con la mia specialità, «stoccata a pompa». Un passo avanti a braccio disteso, un secondo passo ritraendo la spada e poi l'affondo per mandare a vuoto la sua parata. Sono campione del mondo. Guardo la gente impazzita di gioia, mi inginocchio. Vorrei correre e saltare, ma mi controllo per godermela. Vado subito a stringere la mano al mio grande avversario e all'arbitro. Poi crollo e bacio la mia terra. Una cosa istintiva. Chiudo il cerchio. Qualcosa di mistico. Bacio la terra che mi ha fatto nascere, mi ha salvato e mi ha riportato alla vita e ora mi culla facendomi vincere un Mondiale.

Bacio quella terra a cui mi attaccavo sul pavimento della mia cameretta, cercando sollievo quando tredicenne lottavo contro un male invisibile, che oggi non mi avrebbe consentito di salire sul tetto del mondo. Sono un ragazzo fortunato perché tutto questo lo posso raccontare. Perché posso godermelo con la famiglia: mamma, papà, Marina, gli zii. Senza di loro non ce l'avrei mai fatta a battere prima il tumore e poi a lottare e vincere sulle pedane di ogni latitudine.

È il 2011 e quel 12 ottobre, data per me fortunata (scoprirete fra un po' il perché), rimane la mia giornata perfetta.

Riavvolgiamo il nastro. Sono siciliano, catanese: l'amore e il legame per la terra sono viscerali. Questo Mondiale che si disputa nella mia città l'ho preparato con una determinazione spietata.

Ora sono finalmente qui, a giocarmelo. La vigilia è

sempre un po' una «notte prima degli esami». Stavolta succede però qualcosa di insolito. Non riesco proprio a dormire. La tensione è tanta, anche perché da qualche settimana ho rotto con Daniela, la fidanzata che ha tradito la mia fiducia. Dopo quasi sette anni e tante cose condivise mi ritrovo solo e stordito. Cerco di non pensarci, chatto sui social per provare a rilassarmi. Incrocio una simpatica ragazza di Lentini. Tanti messaggi e dopo le dieci di sera scatta un pizzico di follia: le chiedo di uscire. Lei accetta. Non ho mai infranto le regole del ritiro, ma stavolta lo faccio. Esco di nascosto dall'albergo che ci ospita sul lungomare della Playa, la spiaggia sabbiosa di Catania. Prendo la macchina e in venti minuti sono a Lentini. Lei è bella, un po' timida. Insieme passiamo una splendida serata. Ho voglia di stare con una ragazza, di starci bene dopo un periodo buio dal punto di vista affettivo. La notte vola via e quando rientro in camera sono le quattro del mattino. A tre ore dalla sveglia, dal tabellone dei trentaduesimi. Non ho mai fatto una cosa del genere e non la farò mai più. Alle sette sono in piedi, sereno, nonostante le poche ore di sonno. Sensazioni positive. Tutto è positivo nella mia mente. Non ho nulla da perdere.

Sono il numero 13 del ranking mondiale e dunque salto le qualificazioni. Il primo match è abbastanza facile, il finlandese Alexander Lahtinen è un avversario comodo:

vinco 15-7 e mentalmente parto bene. Lui è più rodato avendo disputato le qualifiche, ma ho un vantaggio: sono in forte sintonia col mio Maestro russo, Oleg Pouzanov, e anche con il tifo che mi circonda.

A Catania oggi ci sono tutti: parenti e amici. Questo assalto me lo godo, vado avanti sciolto. Al match successivo incontro l'ucraino Anatoliy Herey: molto ordinato nella guardia. In Ucraina gli schermidori sono così: non molto fantasiosi magari, ma commettono pochi errori. Lui è di sei anni più giovane di me, un po' acerbo, ma si mette subito male. Vado sotto: 1-7, non riesco a trovare la misura. Di solito con questo punteggio, al novanta per cento, hai già perso l'incontro. Ma io continuo ad avere sensazioni positive. Sono convinto che appena piazzerò il primo colpo vincente tutto girerà. Non importa che lui sia volato sei o dieci stoccate avanti. Al 2-7 caccio un urlo che rimbomba nel palasport. Cambio marcia e piazzo un parziale di 8-0 passando in vantaggio. Sono io che guido il tifo della gente, che si esalta con me, e chiudo 15-11. Ho fatto tante rimonte e quando sei sotto ti appigli alla stoccata, come speranza. Io, nel giorno perfetto, ho dentro di me la certezza di quella rimonta. Non so spiegarvelo, ma è così. Una sensazione che ho provato solo quel giorno e che vorrei riprovare.

Ora non avverto più la tensione. Incontro un mio vecchio amico della scuola di scherma: Michele Partanni. Lui era un talento, mi batteva quasi sempre. Ma ha preferito coltivare un'altra grande passione: il metal, che ne influenza anche il modo di essere e apparire. Il suo animo leggero diventa la mia forza. Con lui passo le ore d'attesa guardando gli altri match come se fossimo al bar, un distacco che allenta le tensioni di una gara lunga.

Agli ottavi dovrei incontrare l'ungherese Gábor Boczkó, esperto, sei anni più grande di me, molto forte. Lo stimo tanto da non averlo quasi mai battuto. Quel «quasi» è riferito a una simulazione di gara di un paio di settimane prima. Eravamo arrivati in finale e lo avevo sconfitto tirando molto bene. Quel giorno ero molto sorpreso del risultato. Ma ora sono ancora più sorpreso di vederlo perdere contro Soren Thompson. Dunque è l'americano il mio avversario, adesso. Molto titolato, ma ringrazio la sorte di avermi fatto incrociare lui. Perché Boczkó è la mia bestia nera, con lui sarebbe stato tutto più difficile: psicologicamente e anche tecnicamente. Tra atleti forti ci sono dei match che sembrano quasi indirizzati su un binario. Per questo mi dico che con l'americano non posso mai perdere. Ho una maggiore velocità, lo anticipo su tutto. Lo riempio di mazzate, urlando. Vinco senza difficoltà: 15-9. Non ho quasi bisogno, finora, dei consigli del Maestro.

Torno a chiacchierare con Michele. I miei non li guardo, potrei finire per distrarmi. So che mamma Patrizia per scaramanzia rimane seduta nello stesso angolo degli spalti. Mia sorella Marina è arrivata apposta da Berlino. Papà Piero apparentemente è tranquillo e fotografa tutto: la sua grande passione, ma anche il modo per crearsi uno scudo dalla realtà dietro l'obiettivo, per nascondere le proprie emozioni.

Ho conquistato tanti piazzamenti, ma stavolta mi ritrovo in una gara che sento di poter vincere. Anche se ora davanti ho un altro monumento: Géza Imre, ungherese, ha vinto due medaglie olimpiche, uno di quelli nati campioni. Classe pura. Un'icona del nostro sport. Ma oggi sono un animale, una bestia che urla come un pazzo. Sembro un leone in gabbia che dopo dieci giorni viene liberato e trova la sua preda: lo sbrano sino al 5-1 in pochissimo tempo. Ma lui, furbo, finge un infortunio e chiama i dieci minuti di sospensione, per essere curato. Io in quell'intervallo rimango quasi sempre con la maschera, quando la tolgo lo faccio solo per mettere la cuffia dell'iPod: sento anche mille volte *Cold* dei Crossfade. C'è una strofa che dice:

You are the antidote that gets me by
Something strong
Like a drug that gets me high.

Tu sei l'antidoto che mi fa andare avanti
Qualcosa di forte
Come una droga che mi fa sballare.

Ecco, per educazione e per scelta schifo il doping. Ma in quel momento la droga è la mia gente, la famiglia, il sentirmi a casa. Sono in trance agonistica. Faccio la cosa giusta: ripreparo il match come se dovessi cominciare, col riscaldamento. Non mi sento invincibile, ma sto bene: in perfetto equilibrio fra mente e corpo. Sono pronto anche allo sbarco in Normandia. Mi comporto da vero campione.

Riprendiamo il match e Imre non si risparmia: 6-4, ma io riprendo a macinarlo. Lui dà il massimo, da fuoriclasse, ma oggi sono superiore: vinco senza discussione. Sul 14 vado a prendermi la stoccata finale, senza aspettare: 15-11.

Per la prima volta sono fra i primi quattro al Mondiale. Qui c'è il primo abbraccio forte col Maestro. Alla faccia di tutto e tutti. Per un attimo la mente si affolla di pensieri di rivalsa. Ma capisco che non è il momento giusto: li caccio via violentemente dalla mia testa. Per un attimo la apro come fecero i chirurghi: fuori tutti, devo restare concentrato.

Capisco che in fondo a questa gara non ci sono mostri sacri, ma avversari battibili. Trovo in semifinale lo svizzero Fabian Kauter, uno solido che ho sempre ritenuto tecnicamente molto più forte di me, ma con meno carattere. E per questo l'avevo battuto anche quando non ero al top.

Nel frattempo si fa sera, i tempi di attesa sono più lunghi per esigenze televisive. Comincia anche la tensione: perché ora sono il favorito, a Catania, davanti alla mia gente. Adesso mi conduce per mano il Maestro. Parto bene, lo svizzero mi brucia il vantaggio e passa avanti, ripristino l'equilibrio e a quel punto vinco, puntando tutto sulla grinta. Ci sono giorni in cui fai un movimento che può essere sbagliato, ma lo fai con la convinzione giusta: e la luce si accende! È quasi matematico. Automatismi testa-braccio-gamba che partono in maniera perfetta. Alcuni tempi di attacco dello svizzero sono tecnicamente giusti, ma arriva prima la mia stoccata, anzi forse è meglio chiamarla cazzotto. Probabilmente lui avverte la tensione più di me. Alla fine vinco un match equilibrato: 15-12. Il palasport, sempre più gremito, esplode insieme a me in un urlo liberatorio. Si spalancano le porte della finale.

L'avversario è l'olandese Bas Verwijlen, allenato dal padre. A Sheffield, tre mesi prima, ha vinto la medaglia d'argento agli Europei. Siamo coetanei. Ci siamo incontrati agli Europei nel 2005 in Ungheria e mi ha spazzolato, poi nel 2008 in Coppa del Mondo ho vinto io. Ma se arriva due volte sul podio negli appuntamenti più importanti della stagione è un atleta al top. Mentalmente uno degli avversari più ostici, che fa della difesa la sua forza. Per uno esuberante come me, che sono un attaccante, il match è molto pericoloso. Le sensazioni di una finale non sono qualcosa che puoi governare. Ne puoi fare cento e non sai mai cosa ti passa per la mente, come sta il tuo corpo. Ma sento la bellezza del momento irripetibile, non posso sbagliare. Sono concentratissimo, determinato, convinto di vincere. Ho gli «occhi da tigre» evocati da Julio Velasco, uno degli allenatori che ha vinto di più al mondo nella pallavolo. Se ritorno col senno di poi a quella giornata vedo un «figo», e vi assicuro che non penso questo di me: un atleta ideale che vorrei allenare.

Ed ecco la finale, occhi e obiettivi tutti su di me e sull'olandese. Ascolto gli ultimi consigli del Maestro. Sono tirato fisicamente come non mai: a questo Mondiale arrivo asciuttissimo, peso meno del solito. Ma parto male, vado subito sotto 0-4: uno choc. Lui è bravo tatticamente, si mette subito al metro – come l'angolo del ring nella boxe –, un atteggiamento difensivo che sa gestire benissimo. Io parto all'assalto, ma è come se andassi su un campo minato: rischio di sfracellarmi. La svolta è nella stoccata dell'1-4, attacco più ordinatamente. Da fuori non si percepisce, ma sono un pizzico meno veloce e più preciso. Aggiusto la misura, sono più «corto», come diciamo in gergo. Gira la sfida: chiudo la frazione 8-5. Si mette bene. Ma come i campioni, Bas reagisce e rimette il match in equilibrio: non a caso disputi tre Olimpiadi. Si va avanti punto a punto. È un incontro epico, il palasport a Catania è tutto per me, riesco a mantenere la concentrazione altissima. Siamo al 13 pari. Sono ancora in attacco. Sull'«*En garde, prêt, allez*», il «pronti a voi» dell'arbitro, si incontrano le punte delle due spade e si accendono le luci, ma non viene assegnata la stoccata, come nella boxe dopo due pugni andati a vuoto. Ci si rimette in guardia.

In quel momento ho la percezione netta che lui, per sorprendermi, possa partire in attacco immediatamente dopo il «pronti a voi». Un'azione che ti porta a rischiare molto, ma può essere efficace. Lui che per ventisei stoccate è rimasto in difesa, aspettando il momento buono con attacchi lenti e lavorati, vuole sorprendermi così. Ma quel giorno ho un qualcosa in più: gli leggo il pensiero e lo aspetto fermo. Lui si incastra sulla mia lama, paro seconda, rimango basso e lo chiudo sulle linee: si accende la luce, capisco che è fatta. In quell'azione c'è la svolta della mia carriera. Bas si è giocato come a poker il suo *all-in* e ha perso. Ora psicologicamente è distrutto, e io devo chiudere subito. Se fino a quel momento ho sempre urlato verso il pubblico cercando adrenalina pura, stavolta mi rimetto in posizione, senza quasi esultare. Capisco che il Mondiale non può sfuggirmi, uno sguardo d'intesa col Maestro. Null'altro. Se la mia vita è stata turbolenta, vissuta sempre al massimo, ora diventa tutto estremamente lento, da assaporare. Piazzo la stoccata a pompa, ed è festa.

Dopo aver baciato la mia terra, vengo assalito dagli altri azzurri. Mi lanciano in aria, è il trionfo. Fra loro c'è anche il ct Sandro Cuomo. Tre mesi prima non mi ha convocato a squadre per gli Europei e questa per me è una soddisfazione: dimostro in pedana di meritarmi l'azzurro. Capisco che il ruolo di commissario tecnico non sia semplice, che ognuno abbia il proprio metro di valutazione, che gli esseri umani possono sbagliare. Ma che fatica per convincerli tutti, per guadagnarmi la loro fiducia.

Malato di sport, affascinato nell'ammirare in tv i grandi atleti lanciati in aria in trionfo, scopro di essere io il protagonista. Sogno a occhi aperti.

Ehi, campione, non dimenticare però le persone più care. Mi divincolo dagli organizzatori che impongono il cerimoniale, afferro un tricolore e mi fiondo verso i miei, papà sembra Nando Martellini dopo Italia-Germania dell'82, ripete: «Campione del mondo, campione del mondo». Poi aggiunge un qualcosa che mi dà la dimensione dell'impresa: «Sei un pazzo!» Da noi significa che ho realizzato un'impresa straordinaria, pazzesca appunto. Quando mi rivedo, in quelle foto, stravolto, sento di aver vissuto un orgasmo triplo. Sono anche i miei genitori campioni del mondo. Perché loro hanno fatto grandi sacrifici per me, ne hanno viste di tutti i colori. Già, perché prima di decidere di fare scherma ci ho messo un po', anche il calcio e la pallavolo mi piacevano tanto. Prima di scegliere la spada ho impiegato ancora tanto tempo. Prima di capire di poter seguire una carriera professionistica ed entrare in un gruppo sportivo, accettando le regole militari, ho sprecato altro tempo. E in tutto questo percorso mi sono spesso scontrato con i miei, che si sono indebitati per comprarmi l'equipaggiamento, per pagare le trasferte. In quel momento, in quel tuffo in tribuna in mezzo alla mia famiglia c'è tutto. Quella foto ora è appesa accanto al frigorifero di casa a fissare il momento più bello della mia vita. Non ho dubbi. Per questo non ho fatto grandi feste, ma ho preferito restare con le persone care: quelle che mi sono state vicine nelle difficoltà della vita.

Il Maestro Oleg abbracciandomi mi dice: «Non è ancora momento di festeggiare». Ma come? Lui pensa già all'Olimpiade di Londra. È un burbero, ma alla sua età vorrei diventare così. Lo adoro. Intanto mi trascinano davanti alle telecamere, scopro un nuovo mondo. «Io non sono un talento, ma uno che non molla mai», quasi urlo, perché l'ho sempre pensato e ora posso dirlo forte. Durante le interviste mi dicono che ho anche vinto la Coppa del Mondo, fatta con la somma dei risultati di tutte le tappe disputate nella stagione. Ho superato di due punti il tedesco Joerg Fiedler e questo è un altro grande riconoscimento. Una sorpresa, una gioia immensa: significa che durante l'anno sono stato lo spadista più costante nei risultati. Resta il più grande risultato della mia carriera.

Poi in sala stampa, quasi naturalmente, comincio a raccontare della malattia. Non ci avevo pensato prima, ma a quel punto volevo aprirmi. Mi sono detto: è il momento di tirare fuori il rospo. Esorcizzare è impossibile. Parlarne è sempre difficile. Nemmeno i miei superiori dell'Aeronautica Militare sanno. Un po' perché non piace a nessuno affrontare discorsi del genere. Un po' perché ho quasi paura che possano prendere qualche provvedimento per quella malattia nascosta, anche se ormai sono passati parecchi anni. È come un brutto affresco, coperto dalla calce, che io con i miei ricordi vado a ripulire, per farlo riaffiorare completamente. Ma diventa sempre più brutto. Appena comincio a raccontare del tumore, il capannello dei giornalisti inviati si fa più folto: il giorno dopo tutto è un po' enfatizzato sui giornali. I titoli parlano di «miracolato», «eroe», «sopravvissuto». Quasi non mi riconosco, però in effetti...

All'antidoping arrivano i complimenti più apprezzati: quelli del mio compagno di squadra, amico e futuro compare d'anello: Enrico Garozzo. Con lui ci siamo sempre detti tutto con schiettezza. Anche nelle incomprensioni ci siamo parlati in maniera diretta.

Ecco il podio. Ci sono salito tante volte da piazzato, ma adesso sono sul gradino più alto, alla faccia di quelli che non ci hanno creduto e di chi mi ha mollato la settimana prima di quell'evento. Salgo e mi sento sulla luna. Ho quasi le vertigini per quanto mi sembra alto. Ho combattuto per questo, per salirci almeno una volta. E ci riesco nel giorno in cui non ero certo favorito. Gioia infinita. Sono fiero di me stesso. L'inno, la bandiera tricolore che sale per merito mio. Ho rivisto mille e mille volte quel video e continuo a emozionarmi come se fossi ancora sul podio. Non voglio scendere. Mordo la medaglia più volte: sul metallo rimangono i segni dei denti.

Un collega che aveva vinto un Mondiale mi raccontò la sua sensazione: «Tornando in Italia, dall'aereo vedevo la terra e pensavo: sono campione del mondo, di tutto il globo». Non mi sono mai riconosciuto in quelle parole, non mi sono mai sentito tutto questo. Però per me è come aver scalato la montagna più alta, con il fardello dei problemi portati sulle spalle dalla mia famiglia.

Faccio una doccia veloce e mi portano a Piazza Università, uno dei luoghi più belli del Barocco di Catania. Lì è stato allestito un palco in occasione dei Mondiali e viene usato anche come passerella per i campioni iridati. Per me è una grandissima emozione, superiore a quella che avevo al mattino entrando al palasport e a quella provata pochi attimi prima della finale. Arrivo con la piazza gremita e salgo su quel palco da trionfatore. Dalla balaustra vedo i miei, emozionatissimi. Per una sera sono «famoso» nella mia città. E dire che solo pochi giorni prima ero sconosciuto. Per un servizio fotografico giravo per la Pescheria, il mercato popolare che da duecento anni fa sentire le sue urla nei pressi del Duomo. E nelle loro «vociate» i venditori di pesce col passaparola ripetevano: «C'è Grande Fratello». Mi avevano preso per un ragazzo da reality. Poi un altro pescivendolo prese una grande testa di pesce spada, incrociandola con la mia spada, con naturalezza. Scene che possono capitare solo a Catania.

Tra le mille cose che succedono quella sera c'è il telefono che squilla in continuazione, ma non riesco a rispondere. Lo faccio solo per una chiamata: quella di Daniela. Piangiamo entrambi: le mie sono lacrime di rassegnazione, forse le sue di pentimento. Sono su un altro pianeta per la vittoria del Mondiale, ma sentire quella voce mi riporta immediatamente con i piedi per terra. Quella chiamata mi distrugge, è durissima. Cinque minuti in cui avrei voluto scrollarla, chiederle perché. Mille volte: «Perché?»

I festeggiamenti non sono eccessivi, anche perché qualche giorno dopo ci sarà ancora la prova a squadre e voglio togliermi la soddisfazione di giocarmela finalmente da titolare. Purtroppo usciremo ai quarti, piazzandoci quinti.

Torno nella camera condivisa con Luca «Uccio» Ferraris, perché Garozzo – mio compagno abituale – stavolta non è stato convocato per la gara a squadre. È il momento in cui mi accorgo che dal telefono tracimano centinaia di messaggi fra chat e social: non riesco quasi a dormire per rispondere a tutti, per rivivere quei momenti. Mi sento come uno che ha vinto la lotteria, quasi non credo sia vero. Ho bisogno di ripercorrere attimo per attimo la giornata perfetta: per godermela, per rendermi conto che non è stato un sogno. E infatti gli occhi rimangono aperti a lungo. Ripenso anche alla ragazza di Lentini. Non fosse successo quell'episodio probabilmente sarei arrivato in pedana fuori giri a livello nervoso. Invece quell'esperienza mi ha ridato equilibrio e un minimo di serenità interiore.

Quando crollo stanco e felice, rimango con la medaglia al collo: me la coccolo come un peluche. Paradossalmente più che al titolo do valore proprio a quella medaglia. Sin da piccolo, in un gioco innocente con Marina, la nostra competizione era questa: ognuno contava le proprie medaglie e coppe. Papà e mamma ci hanno cresciuti così, con le regole e la disciplina dello sport. Per questo ho sempre dato grande importanza a tutti i miei trofei. Sono fortunatissimo ad aver vissuto tutto questo e a poterlo raccontare.

2

Per questo mi chiamo Paolo

Mi chiamo così perché Paolo è il nome del nonno paterno. In Sicilia tradizioni e radici sono valori che resistono. Per capire meglio cos'è lo sport in famiglia bisogna che racconti chi era mio nonno, dal quale oltre al nome ho ereditato un patrimonio etico che è anche nel Dna. Nonno è stato un pioniere nello sport a Catania: uomo eclettico, era nuotatore, schermidore, pallavolista e fra i primi in Sicilia a sperimentare l'immersione in apnea.

Ho ammirato ritagli ingialliti di giornale in cui si scriveva del giovane Paolo Pizzo campione regionale di spada. E fra i «giocattoli» di bambino, papà aveva una maschera da scherma e una spada del nonno. Un pezzo che oggi sarebbe da museo, reperto di tempi lontani in cui non c'erano apparecchi elettrici e le spade terminavano con una tricuspide smussata, sulla quale raccontano venisse passato del rossetto, per lasciare il segno della stoccata sul bianco della divisa. Il problema di riconoscere i segni senza confonderli veniva risolto tracciando una linea blu su ogni stoccata: col risultato che alla fine degli incontri le divise apparivano allegramente spruzzate di rosso e blu. A volte provo a immaginarmi tutto questo e rimango affascinato, perché quegli uomini compivano qualcosa di straordinario. Hanno tracciato una strada che oggi noi percorriamo: io con particolare orgoglio.

Altra curiosità sulla quale sorridiamo in famiglia, al ricordo. Nonno Paolo ebbe pure una breve carriera di arbitro di pallavolo, terminata precocemente: un tifoso becero cominciò a insultarlo, lui scese dal seggiolone per l'ultima volta. E non fu proprio per porgere l'altra guancia.

Tra l'altro nonno è stato un istruttore dei parà nella Folgore e pure un ottimo fotografo: vinse un premio importante come cineoperatore. A Catania però lo ricordano soprattutto come uno dei padri della pallavolo. Infatti con quell'altro fenomeno di nonna Lilyana – tradusse con l'ausilio di vocabolari i testi di volley russi e bulgari per migliorare le sue conoscenze – fondarono nel '70 la Torre Tabita: nonno presidente, nonna giocatrice e poi allenatrice. Vinsero tutti i campionati diventando a Catania una squadra mitica; prima denominata così, poi Alidea. Un qualcosa di unico nel panorama siciliano e anche nazionale. Quella squadra con un gruppo di atlete catanesi, partite dai Giochi della Gioventù, fra cui spiccavano le mie zie Tiziana e Donatella, fece incetta di scudetti giovanili fino a vincere la prima Coppa Italia nel '79 e il titolo assoluto nell'80. Nonna è stata anche commissario tecnico della Nazionale juniores, mentre le zie vantano tantissime presenze in azzurro.

Papà Piero invece tirava di scherma – è stato convocato nella Nazionale giovanile di spada – e ha insegnato educazione fisica, come mamma Patrizia.

Nella sua casa nonno Paolo aveva una stanza enorme, uno studio tappezzato da una infinità di gagliardetti. Da piccolo, andavo spesso dai nonni a pranzo dopo la scuola e prima dell'attività sportiva pomeridiana. Io lì mi perdevo: il mio rifugio, il mio mondo. Il gioco era sempre lo stesso: nonno mi nascondeva delle monete. Si parlava di duecento lire, che nelle giornate più fortunate diventavano cinquecento. Io dovevo trovarle nella sua scrivania dagli infiniti cassetti. Nonno si divertiva per la mia curiosità e avidità.

Adoravo contemplare tutti quei gagliardetti: centinaia, colorati. La mente spaziava, leggendo un luogo, un club e fantasticando su gare e viaggi meravigliosi, per incontrare gente, divertirsi. La fortuna è stata che quei sogni poi sono diventati la mia vita.

Mentre viaggiavo immerso nei miei pensieri, nonna Lilyana cucinava «pesante» come piace a me, che arrivavo sempre affamato dalla scuola: rognone, parmigiana di melanzane, caponata. Quei profumi mi riportavano immediatamente al mondo reale: divoravo tutto e poi bruciavo in palestra o sui campi da calcio. Dopo pranzo andavo in garage, altro rifugio, e salivo sulla grande Mercedes azzurra, accendevo il mangianastri – era l'epoca dei primi cd e non era ancora stato inventato l'iPod – e ascoltavo la colonna sonora di *1997 - Fuga da New York*. Ora che il nonno non c'è più quel brano è sul mio lettore mp3: una musica che mi accompagna nei momenti intimi, quando devo scaricare la pressione. La musica è parte fondamentale della vita: a un'altra canzone, *Paranoid Android* dei Radiohead, è legato il ricordo dell'altro nonno, Saro, nel periodo della sua malattia.

Rain down, rain down,
come on rain down on me
From a great height
From a great height, height.

Scendi giù come pioggia
Scendi giù e liberami
Dall'alto
Dall'alto.

L'istintiva abitudine di collegare melodie e persone è

un modo per non farle andare mai via e tenerle vicine, oltre le distanze e il tempo che ci separano.

Da ragazzino capitava a volte di origliare. Ti senti un po' ladro, ma al tempo stesso la curiosità prende il sopravvento. Ascoltavo di nascosto una discussione fra papà e nonno Paolo, che si lamentava del fatto che i medici gli avessero vietato di svolgere attività sportiva per via della salute precaria. Quel suo tono di voce non lo dimenticherò mai: c'era tutta la sofferenza di chi lo sport lo amava e lo viveva sino al midollo. Papà cercava di tranquillizzarlo: «Tu fregatene, corri lo stesso». Ora che sono un atleta maturo posso capire sino in fondo quello stato d'animo: perché mi appartiene quando devo star fermo per un infortunio. Al tempo stesso ripenso a quella confidenza rubata fra padre e figlio e prendo piena consapevolezza dei miei geni.

I nonni materni sono originari di Vittoria, in provincia di Ragusa, come mamma. Nonno Saro mi ha trasmesso la grande passione per il Milan, quello del periodo dei grandi campioni olandesi e di Arrigo Sacchi. Con lui vedevo le partite in tv e cominciavo a tifare per i rossoneri. E anche il Giro d'Italia, perché il ciclismo è l'altro grande amore. Ecco, sin da piccolo sono stato abituato a seguire tutte le discipline sportive, mi affascinano le imprese. È il mio modo di sognare. Nonna Liliana – sì proprio come l'altra, ma senza «y»... non potevo sbagliarmi, chiamandole – è l'unica che con lo sport non ci azzeccava, ma seguiva con dolcezza la mia crescita agonistica. Lei e il nonno erano una coppia legatissima, e quando lui si spense, dopo oltre cinquant'anni di vita insieme, nonna Liliana non resse emotivamente il distacco e lo raggiunse in poco tempo. Non sono un credente, ma so che da qualche parte saranno per sempre accanto.

In una famiglia del genere non è difficile immaginare come a tre anni avessi già dimestichezza col pallone da pallavolo, che era quasi più grande di me. Capitava nelle Palestre Pizzo, l'impianto di via Carnazza che i miei gestivano con tutta la famiglia. Dopo l'asilo restavo lì a giocare, sotto lo sguardo vigile di nonna Lilyana. Crescendo cominciai col calcio, mentre a pallavolo mi specializzai nel ruolo di alzatore: volevo essere sempre al centro dell'azione, forse per individualismo. Poi sarebbe arrivata la scherma.

Aquilia Acireale era la squadra di pallavolo: palazzetti, partite, mi piaceva tanto giocare, allenarmi. Alle scuole medie praticavo tre sport. Facevo pallavolo con la nonna e le zie, Donatella e Tiziana. A calcio mi allenavo a San Giovanni la Punta, nella Spar Puntese, con tecnico zio Giovanni, il fratello di mamma. A pallone ero, e resto, uno scarparo. Un giorno mancava il portiere, andai fra i pali: mi piacque tantissimo. Giocavo i primi tornei da esordiente.

Per me pallavolo e calcio mentalmente vanno in parallelo: quando cade un pallone per terra o finisce in rete io divento una belva. La lettura del colpo, della traiettoria, mi hanno aiutato molto pure nella scherma. A pallavolo ti insegnano subito a cadere, la famosa rullata: quella capacità di sentire il pericolo e lasciarsi cadere in maniera naturale me la sono ritrovata nel calcio e anche nella scherma, dove serve una coordinazione tutta particolare.

La pallavolo insegna anche a leggere i movimenti – in difesa o a muro – e intuire la traiettoria dalla postura del corpo e delle mani dell'avversario. E questo nella scherma è fondamentale, capisco a volte istintivamente cosa sta per fare il mio avversario.

Il calcio è emulazione. Da ragazzino lo divoravo alla tv, mi esaltavo. Che grande delusione, però, per la finale persa in occasione di Usa '94: tutta la famiglia Pizzo in Grecia fino a tardi a tifare, poi quei rigori sbagliati.

Se tanti miei coetanei adoravano il profumo delle figurine, io preferivo quello del sintetico della maglia che indossavo per scendere in campo su quella terribile terra battuta che però per me valeva San Siro.

Proprio su quel campo un giorno perdemmo 4-1 col San Gregorio. Al quarto gol subito mi arrabbiai con i difensori: mi ritrovavo due o tre attaccanti sempre davanti alla porta. Ebbi quasi una crisi isterica, a otto anni. Me la ricordo come una delle giornate sportivamente più brutte. Facevo fatica ad accettare gli errori degli altri, sono troppo egoista. Sarà per questo motivo che finirò per trovare su una pedana e dietro una maschera la mia dimensione agonistica compiuta.

Tutti i miei istruttori erano molto duri, nello sport come nella vita. Nonna Lilyana, la pallavolista, una volta per punizione mi legò a una sedia con le mani dietro la schiena perché avevo infilato le dita in una presa elettrica. La prima volta minacciò quel castigo, la seconda lo applicò. Sarà durato pochi secondi, ma mi sembrò un tempo infinito. Da quel momento non mi passò più neanche per l'anticamera del cervello di mettere le dita in una presa.

Zio Giovanni, allenatore di calcio, non accettava mai che io potessi prendermi delle confidenze in quanto nipote. Lo dovevo chiamare Mister, e questa era la prima regola imposta, anche se mi veniva difficile dargli del lei. A volte dalla panchina lo supplicavo di farmi entrare, ma lui non si commuoveva, non transigeva sui principi. Così si cresce.

Zia Donatella, nella pallavolo, è sempre stata molto diretta e secca in palestra. Un giorno in allenamento la squadra era baldanzosa per una vittoria del giorno prima: poca voglia di sudare. Lei si mise dal lato delle riserve sfidandoci: «Volete vedere che vi batto un ace in mezzo al campo così la smettete di fare i fighetti?!» Noi pensammo: ma dai, non può riuscirci. Figuriamoci. Lei batté e piazzò la palla proprio lì in mezzo al campo, dove in cuore nostro sapevamo sarebbe arrivata. Senza riuscire a prenderla. Capisci la lezione e abbassi la cresta: mai sottovalutare l'avversario, soprattutto nello sport dove serve sempre grande concentrazione. Non a caso le mie zie sono state azzurre, dalle rappresentative giovanili a quella maggiore.

Meno male che mamma è più dolce: nello studio mi incalzava, ma riusciva a stimolarmi con modi molto affettuosi. Di sera tornavo sempre stanco dagli allenamenti, ma lei con i suoi schemini e le formule spiegate riusciva a stimolare l'apprendimento. A rendere tutto più semplice e anche piacevole. Papà merita un capitolo a parte.

Poi c'era la scherma, con la Maestra Giovanna Ferro del Cus Catania, che mi plasmò fra i sette e i quattordici anni, anche lei molto severa. Il suo tono di voce cambiava decisamente secondo l'esecuzione del gesto. Se il movimento era eseguito bene, se i tempi erano giusti, filava tutto liscio. Ma se sbagliavo, le sue urla arrivavano forti e chiare, insieme a un bel colpo sulla maschera assestato col fioretto.

Ma lezione dopo lezione, pedana dopo pedana, rimanevo affascinato dal confronto fisico diretto. Questa possibilità di colpire con un attrezzo ed eliminare l'avversario mi prendeva. Non sono mai stato un ragazzino sedentario davanti alla tv, ma era come se stessi in un videogioco, in cui il joystick era la mia spada, che azionata dal braccio andava a esplorare nuovi mondi a livelli sempre più alti di difficoltà.

Un episodio buffo ma simbolico caratterizzò la mia prima volta in pedana. Frequentavo una scuola cattolica e un pomeriggio si presentò proprio la Maestra Ferro per una prova di scherma con noi bambini. Un modo per capire chi avesse indole o sapesse appassionarsi a questa antica disciplina. Arrivò nel doposcuola per questa lezione, avevo sette anni e per la tensione me la feci addosso. Il mio compagnetto GianMa provò a consolarmi. Andai in bagno a pulirmi, ma quello resta il mio battesimo. Forse un segno del destino. Agli attori per augurare il successo si dice «merda» (in ricordo di quando si andava in carrozza a teatro: dunque tanta gente, tanta cacca di cavallo sulle strade). Ecco, io ho fatto tutto da solo. Considerando i risultati successivi, quella grande emozione è stata di buon auspicio.

3

Quella casa nel bosco

Arrampicata sull'Etna, immersa nei castagneti, c'è la nostra casa. Siamo a Pedara, comune pedemontano a oltre 600 metri di altitudine, circa quindici chilometri da Catania. Qui ho vissuto con la mia famiglia, condividendo l'abitazione con i miei zii. Io, mamma, papà e mia sorella Marina, nata nell'84, un anno dopo di me, occupiamo il piano superiore. Mentre a pianterreno ci stanno zio Giovanni, fratello di mamma, zia Patrizia e mio cugino Alessandro, nato due giorni dopo Marina. Grandi spazi esterni da godere nella bella stagione e soprattutto una cucina-soggiorno in comune a piano terra. Ho sempre vissuto come una festa ogni pasto: eravamo sempre almeno in sette nella grande tavola. Gli zii sono altri genitori per me. Con Marina e Alessandro siamo cresciuti insieme condividendo ogni cosa.

L'impronta educativa di mio padre è stata molto severa. Vederlo piangere per me è stata una sorpresa più grande della scomparsa di nonno Paolo, che purtroppo era nell'aria perché non stava bene da tempo. Ho preso sculacciate anche per aver pronunciato un «cretino». Oggi che ho due bimbe cerco di fare lo stesso.

Da bambino frequentavo una scuola cattolica d'élite, l'Istituto San Giuseppe, dunque i miei compagni appartenevano alla «Catania bene», figli un po' viziati. Sarà anche per questo che durante un Natale, mentre eravamo tutti insieme davanti al camino e al presepe per scartare i regali io, scontento dei doni, mi azzardai a dire: «Tutto qui? Sono finiti?!» Mio padre mi chiese con calma di seguirlo, io ignaro andai: mi portò al piano di sopra e mi rimproverò sculacciandomi. Non mi sono mai più lamentato di niente: il messaggio arrivò forte e chiaro. Avrò avuto sette anni e non dimenticherò mai quell'insegnamento.

Io e Marina siamo cresciuti con le stesse passioni. Sempre legatissimi: pragmatico io, più sognatrice lei, che non a caso nel tempo è diventata un'artista. Ha sposato Stefan, un africanista tedesco, vive a Berlino ed è una cantautrice. Ha una visione molto filosofica della vita.

Insieme condividevamo la stessa stanza; quando torno felice nella mia casetta dormo ancora lì, mentre lei... ha sloggiato. Ora la cameretta mi sembra piccola, anche se sono solo. Da bambino mi pareva grandissima, pur se condivisa con Marina. Una finestra sul bosco, e i letti sistemati a L sulle altre pareti. Al centro i nostri giochi. Con i soldatini, le costruzioni e pochi peluche. In mezzo allestivamo delle megaguerre con tutti i nostri giocattoli. Giocavamo anche a chi completava più giri su se stesso: era una sfida continua, anche sportiva, e non ci stavo mai a perdere.

Una volta i miei ci regalarono una macchinina a pedali e io lanciai Marina con tutto il nuovo giocattolo per le scale. Le sculacciate furono l'inevitabile conseguenza. Ma non è che mio padre fosse cattivo; il fatto è che io ero davvero monello, con una testardaggine che costringeva papà a interventi drastici, anche per salvaguardare la sorellina.

Io e lei passavamo tanto tempo insieme e, essendo competitivi, logico che si finisse spesso per litigare. Tutto per noi diventava gara. Anche Marina praticava calcio, pallavolo e scherma. Arrivò pure a essere convocata nelle selezioni giovanili di spada. Sulla pedana a volte si tirava insieme, io magari ci mettevo un po' meno fisicità per evitare di sopraffarla, ma lei era molto tecnica e a volte mi batteva. Anche papà tirava con noi. All'inizio mi controllava agevolmente, poi crescendo diventavo sempre più combattivo, fino a quando il rapporto di forza si rovesciò. Quello che era un gioco fra padre e figlio è diventato un percorso di vita che mi ha portato a girare il mondo e a partecipare alle Olimpiadi. Resta la grande passione di famiglia: tre generazioni legate dagli affetti e dalle spade.

Il periodo in cui ritrasmettevano in tv lo sceneggiato *Sandokan*, lo seguivamo tutti appassionatamente. E noi piccoli ci inseguivamo per casa, in tondo, cantando il famoso motivetto e sfinendoci correndo. Marina era la mia «Perla di Labuan».

Crescendo, le mensole sopra i nostri letti andavano riempiendosi di coppe e trofei: diventavano quelli i nostri giocattoli preferiti. Al tempo stesso erano il nostro allarme per le scosse che ci dava l'Etna: li sentivi tintinnare e capivi che c'era un terremoto. Situazioni con le quali imparavi a convivere, abitando sulle pendici del più grande vulcano d'Europa.

Non c'era paura, ma rispetto: prevaleva sempre la curiosità di scoprire cosa stesse succedendo di nuovo, di sconosciuto. Quando tremavano le finestre per i boati del vulcano, correvo sul balcone della stanza di mamma e papà: da lì si intravedeva il cratere di sud-est e, alla sera, erano ben visibili le fontane e la colata lavica. Un incredibile spettacolo della natura che ieri come oggi seguo con lo stupore degli occhi di un bimbo. Un bimbo fortunato di essere nato e cresciuto in questa splendida terra.

Abitare in un posto da favola ci ha permesso di crescere in sintonia con la natura, imparando a conoscere la flora e la fauna che ci circondano. Per noi era normale seguire il volo di rapaci come la poiana. Oppure di notte riconoscere i versi dell'upupa o del cuculo. La visione di stormi di cicogne mi chiarì sin da piccolo che non erano loro a portare i bambini, per quanto grandi fossero quegli uccelli e la loro apertura alare.

Nella casa condivisa eravamo in tanti e ci si divertiva sempre. Alessandro, mio cugino, era meno competitivo nello sport ma era un'eccellenza nello studio: si è laureato in Filosofia con 110 e lode alla Normale di Pisa ed è entrato due mesi dopo in Banca d'Italia con una prospettiva di carriera impressionante. Se il mio percorso sportivo è apprezzabile, lui sicuramente ha «spaccato». Un'indole che sin da bambini si capiva dove ci avrebbe portato. A Natale lui riceveva libri in regalo, io e Marina tute e attrezzi sportivi. Anche Alessandro tirava di scherma: io più forte, ma lui era ostico, non facile da battere.

Se zio Giovanni mi allenava nel calcio, zia Patrizia invece era il ministro dei trasporti. Le nostre settimane di ragazzi si dividevano fra studio e attività sportiva. Al mattino scuola poi un pomeriggio pallavolo, l'altro calcio e scherma. La zia mi prendeva a scuola e mi portava al campo di calcio, finivo lì e andavo in palestra per la scherma. Alla sera arrivavo stanco a casa, ma come detto mamma mi preparava gli schemini con i riassunti e si studiava anche fino a mezzanotte. Non sono mai stato uno studente modello e non impazzivo per lo studio, ma con questo metodo presi «ottimo» all'esame di terza media. Perché comunque ero competitivo anche a scuola e al voto ci tenevo: del resto sono figlio di insegnanti.

Dunque in macchina trascorrevamo un bel po' di tempo, almeno mezz'ora fra Pedara e Catania. Durante quegli spostamenti sulla vecchia Renault 4 bianca, a volte mi riposavo sul sedile posteriore, mentre la zia metteva in sottofondo musica di qualità. Dal Boss Springsteen ai Police. Poi i Nirvana: il loro «Unplugged», e in particolare *Oh, Me*, era la colonna sonora di quel periodo. Adrenalina pura che annullava le fatiche fra campi e palestre.

If I had to lose a mile
If I had to touch feelings
I would lose my soul
The way I do

I don't have to think
I only have to do it
The results are always perfect
And that's old news.

Se dovessi perdere un miglio
Se dovessi toccare i sentimenti
Perderei la mia anima
Così come faccio

Non devo pensare
Devo solo farlo
I risultati sono sempre perfetti
E questo è storia vecchia.

Sport, rock e sogni di un ragazzo che guardava attraverso il finestrino di un'utilitaria. E i miei occhi restavano affascinati, quando per strada si delineava il profilo ricurvo di Orazio Di Grazia e della sua inseparabile bicicletta. Con quell'uomo non ho mai parlato, ma tanto mi ha insegnato della vita. Un mito ben conosciuto a Catania: sembra una leggenda ma è realtà. Fino a quando è vissuto, ottantacinque anni, Orazio ha sempre cavalcato la bici: mai avuto la patente. Ogni giorno spingeva in salita le sue due ruote per andare dalla casa di Catania in campagna a Nicolosi: ben 700 metri di dislivello. E ritorno. Oltre trenta chilometri al giorno, col sole o con la pioggia, col caldo o col freddo. Fin quando è vissuto non ha mai smesso di pedalare. Diceva: «La bicicletta è la mia libertà, nessuno può capire, è l'unica cosa di cui ho assoluto bisogno, è un impulso più forte di me, è la mia vita. Io, la bicicletta, la strada, il cielo, il vento. Il resto non conta».

4

Poi, domani

Mentre crescevo felice e sano, nell'estate del '96, a tredici anni, succedeva al mio corpo qualcosa che non riuscivo a capire. Degli svarioni, momenti di assenza di qualche secondo. Qualcosa accadeva nella mia testa e all'inizio riuscivo a controllare la parte motoria. Brevi crisi che stentavo quasi a riconoscere: pensavo potessero capitare per stanchezza, stress fisico dovuto alle mie giornate pienissime fra scherma, calcio e pallavolo, oltre allo studio. Per questo cercavo di rimuoverle in fretta dalla memoria.

Ma queste crisi non mollavano, anzi cominciavano a ripetersi con maggiore frequenza. In testa mi ronzava un ritornello di due parole: *poi, domani*. Non comprendevo il perché, ma quelle parole si ripetevano come un'ossessione. Erano un allarme, prima ancora che si offuscasse la mente: riecheggiavano nelle mie tempie: *poi, domani*. Non le pensavo, non le pronunciavo, ma quelle due maledette parole quando entravano nella mia mente, erano il preludio di uno sconquasso.

Questi momenti di assenza tendevano a prolungarsi per diversi secondi. In una gara di fioretto – allora era questa la mia specialità – a Mazara del Vallo, mi ritrovai in semifinale contro Giuseppe Di Martino, modicano, il mio grande rivale dell'epoca. In alcuni momenti durante il match fui costretto a fermarmi. Cominciavo a preoccuparmi, ad avere paura. Al tempo stesso volevo solo nascondermi. Dall'esterno nessuno si era accorto di niente, perché il tutto era durato dieci-quindici secondi. Un assalto andato male, poi si riparte.

Ma in quel breve lasso di tempo la mia mente era andata in corto circuito e i muscoli non rispondevano ai comandi. Avevo la sensazione che la mia anima uscisse dal corpo e lo guardasse da fuori pensando: ma cosa ti sta succedendo? Sembri un burattino senza fili!

Era come se fosse un calo di tensione elettrica: non riuscivo a comandare i movimenti. Rimanevo in una fase di stallo.

Una domenica mattina capitò a colazione con mia sorella, nella cucina-soggiorno della nostra casa di Pedara. Quel giorno andai giù: finire per terra mi diede una modesta sensazione di protezione. In bocca salì un sapore aspro e forte. Marina ripeteva: «Che hai?» Sentivo la sua voce filtrata, lontana. Non riuscivo a risponderle. Poi in qualche modo mi tirai su, e la prima preoccupazione fu di non dire niente a mamma e papà. Avrei capito molto dopo che quella era stata la mia prima crisi epilettica.

Da quell'episodio in poi le mie notti diventarono un incubo. Le passavo a dormire per terra. Mi dava sollievo il fresco del pavimento: mi rannicchiavo lì, fino a crollare nel sonno. Mi attaccavo alla base del letto perché avevo paura che una crisi potesse farmi precipitare in un vortice. Accarezzavo le mattonelle e fissavo il buio, temendo arrivassero quelle due parole: *poi, domani*.

Sensazioni innaturali invadevano la mia mente sofferente. La lingua era un corpo estraneo nella mia bocca, enorme. Non riuscivo a controllarla e avevo la sensazione che potesse arrotolarsi come un tappeto, tanto era cresciuta. Avrei voluto strapparla per evitare di soffocare, di impazzire. A volte il malessere era tale che scuotevo violentemente la testa senza che nessuno mi vedesse. Come fanno i cani quando si scrollano l'acqua di dosso.

Mi illudevo di avere la forza di vincere da solo, come succedeva in pedana. Stupidamente cercavo di nascondermi. Le crisi si intensificavano. Cominciavo a capire meglio cosa succedeva al mio corpo. Sapevo che quando iniziavano a ronzare in testa quelle parole maledette – *poi, domani* – avevo una decina di secondi prima che la crisi vera e propria mi assalisse. Usavo quel lasso di tempo per nascondermi. Cercavo di trovare un angolo dieci metri più in là, dove nessuno potesse vedermi. Non volevo che qualcuno sapesse. Marina, a soli dodici anni, aveva mantenuto il segreto. O per lo meno era solo andata da mamma e papà a dire: «Paolo fa cose strane». E i miei non si stupirono: Paolo fa sempre cose strane.

Frequentavo il primo anno dell'Istituto Tecnico Aeronautico, e un giorno uscendo da scuola quelle paroline cominciarono a frullare vorticosamente nella mia mente. Mi rifugiai in un angolo del cortile: rannicchiandomi mi tenevo il capo, che scappava da tutte le parti, gli occhi si aprivano e richiudevano vorticosamente. Rimasi cosciente, ma non riuscivo a dominare il mio corpo, la testa soprattutto. Secondi lunghi come ore. Aspettai che finisse, impotente. Qualcosa di oscuro mi stava prendendo a cazzotti. Forse l'attacco più duro che ricordi. Passato il culmine della crisi cercai di darmi una rassettata. Ero spossato, mi rialzai sempre con più fatica e mi rimase in bocca quel sapore acido, che mi mette i brividi solo al pensiero di poterlo riprovare.

Quel giorno, a scuola, il mio compagno Giovanni Signorelli mi vide e intuendo qualcosa, mi chiese. Risposi: «Tutto a posto». Lui è di Nicolosi, il paese vicino a Pedara, mamma mi veniva a prendere in macchina e spesso gli davamo un passaggio a casa. Giovanni provò a spiegarle cosa fosse successo, ma lo zittii malamente tranquillizzando mamma: «Ho solo mal di testa».

Più passava il tempo più facevo fatica a riprendermi dalle crisi, come un pugile che colpito duramente stenta a rimettersi in piedi dopo essere andato al tappeto. Ma la mia educazione mi porta a reagire e rialzarmi sempre. Non capivo cosa fosse: per me era solo il male da combattere. Avevo il terrore di affrontare la situazione, ma al tempo stesso ero determinato ad andare avanti. Da solo. Passavo le giornate sperando che sparissero quelle crisi. Quasi come fosse una caduta, una ferita da rimarginare in fretta.

Pensavo che con la lotta fisica sarei riuscito a dominare il male. Una sensazione, una speranza. Mentre lui avanzava. E io combattevo la mia guerra contro questa cosa che non riuscivo a definire. Più le crisi diventavano incalzanti, più mi chiudevo. Mantenevo il segreto perché il mio obiettivo era partecipare ai campionati giovanili nazionali a Rimini, a maggio. La mia Olimpiade. Anche se continuavo a giocare a pallavolo e a calcio, avevo scelto la scherma. La mia natura agonistica si esaltava in pedana. Mettere la maschera mi dava una sensazione di protezione: l'unico momento in cui mi tranquillizzavo. Il mio appiglio: la pedana mi regalava i pochi momenti spensierati.

Nella primavera del '97 compivo quattordici anni e desideravo tanto possedere un motorino. Ma i miei mi spiegarono come quella spesa importante non potesse essere sostenuta dal bilancio famigliare. Pazienza. Poi invece mi fecero la sorpresa e per il compleanno ecco il mio cinquantino come lo avevo sognato: un nuovissimo scooter Typhoon, blu metallizzato con le fiammate verdi disegnate sulle fiancate. Tornando da scuola lo trovai in giardino. In un altro momento sarei stato felice, invece non riuscivo a godermi appieno quella gioia. Una grande pesantezza fisica mi attanagliava.

La prima prova di guida mi diede un senso di libertà. Ero imbranato e giravo intorno a casa per provarlo. Ma al di là dell'inesperienza, prevaleva quel senso di spossatezza fisica che complicava ogni cosa.

Un giorno, scendendo in motorino da Pedara verso Catania, mi resi conto che stava arrivando la crisi, mi fermai per strada e aspettai che passasse. Col senno di poi fui molto incosciente: facevano bene mamma e papà a concedermi di usarlo poco, convinti semplicemente che io fossi goffo alla guida.

Non era semplice convivere con la Grande Bugia che mi tenevo dentro. Ogni sacrosanto giorno dovevo mentire a me stesso, alle persone che mi volevano bene, a tutto il mio ambiente. Vivevo male non solo fisicamente, ma anche psicologicamente. Il mio inferno dentro. La mia vita sembrava vissuta sul palco del Grand Guignol, il teatro francese che metteva in scena solo spettacoli macabri. Recitavo la parte del bravo ragazzo che stava bene.

Ogni due-tre giorni la crisi si ripresentava puntuale. L'irrazionalità mi portava a pensare che comunque questo nemico se ne sarebbe andato e io avrei risolto tutto da solo. Una convinzione che mi avrebbe portato alla tomba se... se quel pomeriggio di primavera andando con zia Patrizia da casa alla palestra, sulla R4 non fosse arrivata quella crisi. Stavo ascoltando *Born to Run* di Bruce Springsteen.

The highway's jammed with broken heroes on a last chance power drive
Everybody's out on the run tonight but there's no place left to hide.

La strada è piena di eroi spezzati nell'ultima corsa
Sono tutti in fuga, stanotte, ma non è rimasto un posto per nascondersi.

Rileggendo quel testo oggi mi vengono i brividi: sembra la rappresentazione della mia vita in quel periodo. Proseguivamo nel cammino, ma sentivo la voce del Boss sempre più lontana mentre rimbalzava fra le tempie quel *poi, domani* come una pallina da flipper impazzita. Avvertivo la crisi e combattevo dentro di me per evitare che all'esterno potesse vedersi qualcosa. Arrivati alla Cittadella dello Sport mi catapultai fuori dalla R4, il più lontano possibile, poi avrei inventato qualche scusa per spiegare quel comportamento. Marina mi seguì, capendo qualcosa, c'era anche Alessandro. Caddi, per poi in qualche modo rialzarmi: lei mi guardò negli occhi, la zia si avvicinò. Avevo la bava alla bocca. Mi arresi. Ero sconfitto, sfinito, svuotato, convinto di aver perso la mia battaglia, e invece proprio in quel momento cominciavo a vincerla.

Zia Patrizia capì immediatamente che non si trattava di un semplice malore e mi portò subito dal dottor Jelo. Niente palestra, niente allenamento di rifinitura: le finali di Rimini si allontanavano. Dario Jelo è uno di famiglia, cognato di zia Patrizia. Mi accolse con affetto e con il suo sorriso rassicurante, come se dovesse diagnosticarmi un'influenza. A quel punto cominciai a raccontare tutto, premendo il tasto PLAY. Più che liberazione provavo un senso di noia, misto a rabbia e impotenza, perché quel male non ero riuscito a sconfiggerlo da solo. Parlavo e vedevo l'espressione di zio Dario cambiare: la mascella si contraeva, mentre chinava la testa preoccupato. Capivo che la situazione stava precipitando. Ma avevo già mollato e mi lasciavo andare. Come se avessi preso un altro cazzotto, però stavolta rimanevo disteso al tappeto accettando il k.o. Addio Rimini, la mia piccola Olimpiade dovrà attendere.

Così cominciarono gli esami. Dopo il responso di una Tac, papà affrontò il discorso in maniera diretta. Prima che lui parlasse capii dalla sua espressione che si trattava di qualcosa di grave. Chiesi diretto: tumore? Rispose di sì. Benigno? Ancora un sì. Papà mi prese la mano e se la portò sulla sua testa: sotto il cuoio capelluto aveva una cisti, me la fece toccare. «Ecco, la fortuna è che la mia è esterna, se desse fastidio si potrebbe togliere senza problemi. La tua è dentro la scatola cranica ed è meno semplice da estrarre.»

Solo la risonanza magnetica con contrasto avrebbe potuto stabilire la natura del tumore, che non sapevamo con certezza se fosse benigno. Intanto si era capito che questa massa, spingendo nella scatola cranica, aveva creato un edema e proprio quello provocava le crisi epilettiche. Tra l'altro pressava proprio nella zona del cervello che presiede alle attività motorie. Questo fu un bene, perché lo sport praticato aveva provocato un'infiammazione ed erano arrivati quei sintomi che avevano consentito di scoprire la malattia. Al tempo stesso era un male, perché rischiavo di perdere qualcuna delle mie facoltà motorie. Ora si svolgeva tutto molto rapidamente, bisognava operare al più presto.

La ristrutturazione in atto nella casa di Pedara era la metafora della nostra vita famigliare: tutto appariva devastato. Le scelte spettavano a papà. Lui rimaneva sempre concentrato giocando quella che ha definito «una lunghissima partita a scacchi col cavaliere della morte». Nelle diagnosi iniziali – ma io questo non lo sapevo – si parlava di una lesione al cervello. Fosse andato bene l'intervento, lo sport avrei dovuto dimenticarlo. E poi la pressione che l'ambiente di famigliari e amici esercitava per convincere i miei a portarmi fuori per l'intervento. Perché noi al Sud siamo fatti così: al Nord ci sembrano tutti più bravi. Invece papà non sbagliò mossa sulla scacchiera, e dopo essersi consultato si affidò all'équipe chirurgica dell'Ospedale Garibaldi di Catania, guidata dal professor Vincenzo Albanese.

Ora mi sentivo più protetto. Assumevo farmaci che diradavano le crisi. Mamma era sempre dolce e affettuosa, ma appena scompariva dalla mia vista piangeva a dirotto. Scoprirò che aveva avuto anche diversi collassi. Più volte papà cercava di scuoterla. Lui invece era concentratissimo, una roccia. Prendeva da solo decisioni delicatissime. Cercava di rendermi consapevole della situazione, senza drammi. Lui sì sportivo vero, che giocava la partita della vita lottando per salvare il figlio.

Intanto continuavano gli esami e venivo ricoverato. Durante la risonanza dovevo stare dentro un tubo, chiuso. La faccia attaccata alla parete concava. Quel rumore ossessivo del macchinario. In quei momenti presi coscienza che per operarmi dovevano aprirmi la testa. Solo, in quel tubo, ossessionato da quei rumori che rimbalzavano penetrandomi il cervello: per la prima volta ebbi paura di morire.

Eravamo in due ricoverati nella stanza a tre letti assegnata, dove venivo coccolato da mamma, zie, nonne e dai miei padrini Piera e Gianni Buccieri, che mi cucinavano sempre leccornie. Tortelli alla panna e torta di mele erano la mia passione. Il gusto del cibo attenuava per qualche attimo le paure. La stanza era a pianoterra e dava su un cortile interno. Un giorno da lì passarono alcuni studenti, uno bussò alla finestra per salutare mamma. Era Luigi Mazzone, uno spadista conosciuto in famiglia che cinque anni dopo si sarebbe laureato campione italiano assoluto. Si informava sulle mie condizioni e cercava di dare un supporto psicologico ai miei. È diventato un neuropsichiatra infantile, riferimento eccellente a Roma e non solo per le famiglie con bimbi autistici. Io stesso gli do una mano nella promozione dell'Accademia Scherma Lia, chiamata così in memoria di sua moglie prematuramente scomparsa: un luogo che permette ai bambini affetti da autismo di praticare la scherma e che li aiuta nella crescita.

Col mio compagno di camera facevamo grandi chiacchierate: Salvatore avrà avuto quarant'anni e riceveva poche visite. Lui mi registrava: il mio modo di raccontare le cose gli dava tranquillità. Poi fui trasferito in un altro reparto, di gente più grave. Quando pronunciavo la parola «benigno», già innestavo un sentimento di speranza, che la parola «maligno» toglieva a molti compagni di sventura.

La mamma di un ragazzo che stava molto male mi chiese di cosa soffrissi. E mi spiegò che anche suo figlio aveva un tumore alla testa, ma maligno. Io invece potevo sperare. Mi accarezzò, per poi scappare via piangendo.

Col senno di poi posso dire che lì dentro ero un privilegiato. Ma avevo solo quattordici anni e tanta paura: in quella situazione diventavo egoista. Per questo motivo un giorno mi lamentai con zio Annibale, chiedendogli: «Perché proprio io?» La sua risposta fu semplice ed efficace: «Paolo, succede e basta».

Si avvicinava il giorno dell'intervento, dovevo essere sottoposto agli ultimi accertamenti e scoppiai a piangere con papà: «Non è giusto che a me capiti questo. Sono uno sportivo, faccio una vita sana. Queste cose capitano a chi vive male: chi fuma, chi beve!» Papà rispose saggiamente e con fermezza: «Paolo, basta! Devi smettere di piangere. Devi alzare la testa e lottare». Una scossa. Ero adolescente, ma di colpo mi resi conto che non era giusto lamentarsi. Per me il pianto è debolezza, ma quelle erano le prime lacrime non da bambino. Non accettavo quel destino. Poi però mi tornava in mente il dialogo con la mamma di quel ragazzo gravissimo. Lottare era l'unica cosa da fare. Aveva ragione papà. Il tempo mi farà capire quanto abbia lottato lui e che enormi responsabilità si sia preso sulla mia vita.

L'ultima Tac, un incubo. Mi trovavo in una stanza terribile, spoglia, fredda ben oltre la temperatura reale. Mi avevano già rasato i capelli. Mi sembrava la scena di un film dell'orrore: il luogo dove venivano vivisezionati i corpi umani. Che scomodità il piano sul quale dovevo stare a pancia in giù: era metallico, con dei bracci che mi immobilizzavano per fare l'esame. Se il personale dell'ospedale e i medici erano gentili, in quella sala invece era tutto durissimo. La lettiga, i rimproveri dei tecnici. Sulla testa, bloccata al mento, mi disegnarono dei cerchietti col pennarello per localizzare la parte da aprire all'altezza della tempia. Era difficile rimanere fermo come pretendevano. Urlavano anche se deglutivo. Spostamenti millesimali dai quali poteva dipendere la mia vita: aprire la scatola cranica nel punto sbagliato, toccare il cervello, poteva essere letale. Vivevo quella sala come una tortura. Sarà durato meno di un'ora, ma a me sono sembrati giorni. Uscii distrutto.

Sul lettino operatorio pregai, non lo facevo mai, perché non credo. Ma lì pregai di risvegliarmi. *Dio se esisti fammi tornare.* Poi avvertii la sensazione dolce dell'anestesia che entrava dentro piano piano. Ora mi sentivo comodo, rilassato anche se immobile e pieno di flebo e fasce. Buio.

E in quel buio c'era qualcosa: sarà il subconscio, non so se scientificamente sia dimostrabile, ma nella mia mente è rimasta fissata una sensazione, decisamente brutta. Non dolore vero e proprio, ma la percezione del bisturi che mi apriva la testa. Il sentore di un bruciore forte, come ghiaccio che strofina sulla pelle. Una sensazione provata anche anni dopo nei successivi interventi in anestesia, al ginocchio e alla mano.

Dopo l'operazione mi svegliai in un posto diverso. La testa faceva malissimo. Niente a che vedere con le emicranie comuni. Un dolore profondo, martellante: avevano rovistato nel mio cranio. Ero gonfio come un pallone per il cortisone. Talmente gonfio che faticavo ad aprire gli occhi. Mamma mi tranquillizzava, spiegandomi che era normale.

Alla destra del mio letto c'era un corridoio che mi appariva cupo: da lì arrivavano urla strazianti, di notte erano interminabili. Mi angosciavo, ma la paura mi rendeva più egoista e chiesi a un'infermiera di far smettere quelle grida. «Guarda che qui c'è tanta gente che sta male davvero. Tu stai bene.» Quasi uno schiaffo. Mi sentii un imbecille.

Durante il periodo del ricovero, la mia unica distrazione era il Giro d'Italia. La passione per quello sport me l'avevano trasmessa nonno Paolo e nonno Saro. Con me avevo portato l'inserto-guida della *Gazzetta dello Sport*, con tappe, altimetrie, partecipanti e tutto quello che serviva per seguirlo: mi affascinava la fatica dei ciclisti. Sulla mia guida trascrivevo diligentemente ordine d'arrivo e classifica. Seguivo le imprese di Marco Pantani, che però venne fatto fuori da... un gatto: cadde e fu costretto a ritirarsi. Applaudivo gli sprint di Mario Cipollini, la maglia rosa Ivan Gotti. Quel tempo passato davanti al televisore portatile mi faceva stare meglio: entravo nel tubo catodico e mi sentivo forte come uno di quegli eroi su due ruote.

Fra le visite di parenti e amici ce n'è una che rimane nel mio cuore. Peppe Di Martino, il mio grande rivale di Modica, venne a trovarmi al Garibaldi con la sua famiglia. Lui, piccoletto, all'inizio era più forte; crescendo poi avevo cominciato a batterlo e ogni volta era come se avessi vinto la Champions League. La sua visita mi lasciò senza parole, arrivarono i lucciconi. Provai ad alzarmi, ma le gambe non reggevano e papà mi sorresse per evitare che cadessi. Non ero leggero per niente, a quattordici anni pesavo più di ottanta chili e non era semplice sostenermi. Brutta quella sensazione di perdita di forze, ma per fortuna non l'ho avvertita più in vita mia. La crisi epilettica è diversa: è mancanza di controllo motorio. Ma le braccia di papà erano di acciaio: il suo sostegno mi diede sicurezza, confortevole come una carezza. Quando mi risollevò non provai imbarazzo, ero solo dispiaciuto di non essermi mostrato forte. Volevo dare un segnale rassicurante a parenti e amici presenti; non ci riuscii. Con Peppe parlammo di scherma, lui era imbarazzato, usava frasi di circostanza. Io, competitivo come sono, faccio sempre fatica a relazionarmi con gli avversari. Il tutto era reso ancora più enfatico dall'età. Quello dei Di Martino rimase un grande gesto: venire in auto apposta da Modica per una breve visita e bruciare duecentocinquanta chilometri senza autostrada, almeno quattro ore di auto, in un pomeriggio, non è da tutti. Al tempo stesso la straordinarietà di quell'atto mi portava a percepire ulteriormente, se ce ne fosse stato bisogno, la gravità della mia situazione. Ci riflettevo mentre con Peppe provavamo a parlare di scherma, ognuno nascosto dietro i propri pensieri.

Le mie condizioni miglioravano e finalmente fui dimesso. Papà era raggiante. In macchina, con la musica sparata a palla, tutta la famiglia andava verso casa, quando al rosso di un semaforo un extracomunitario si avvicinò, lavando il vetro e tendendo la mano in attesa di una moneta: si ritrovò una banconota da diecimila lire sul palmo. Il suo sguardo era sorpreso e interrogativo. Papà sgommando gli urlò: «Oggi è festa, mio figlio è guarito!»

Rientravamo finalmente a casa, e salite le scale velocemente verso la mia stanza la trovai rinnovata. Ora c'era un tappeto al centro, copriva quelle mattonelle compagne nelle notti da incubo. C'era pure un impianto stereo nuovo di zecca: suonava una canzone degli Smashing Pumpkins fra le mie preferite.

My reflection, dirty mirror
There's no connection to myself.

Il mio riflesso, specchio sporco
Non c'è connessione con me stesso.

La connessione stava tornando, ogni cosa sembrava stesse rimettendosi al suo posto, anche se mi sentivo stordito. Gli affetti erano la migliore medicina. Zio Giovanni sentenziò: «La casa sembrava vuota senza di te». Poi si rivolse ancora a me, Marina e Alessandro: «Imparate la lezione: qualunque sintomo, qualunque problema, voi parlate subito con noi grandi!»

Piangevo, stavolta di gioia. Ma ancora oggi, dopo quasi vent'anni, se sento pronunciare quelle due parole, *poi, domani*, un brivido profondo mi attraversa il corpo.

5

Il limbo, poi la vita

Quell'estate del '97 rimase l'unica passata al mare in Sicilia. Sembrerà strano per degli isolani, ma la famiglia Pizzo da sempre fra luglio e agosto si trasferisce a Marathias, in Grecia, però questo è un altro capitolo della mia vita. Allora, con i postumi dell'intervento, era impensabile affrontare un viaggio, dovendo anche seguire cure particolari e visite di controllo. In ospedale non ero rimasto molto, ma era stato come partire su uno shuttle per Marte e tornare indietro in pochi giorni. Un'esperienza fortissima, violenta.

Dopo l'intervento rimase un'enorme cicatrice: quasi cento i punti di sutura. La toccavo in continuazione, la esploravo come un mappamondo da scoprire. Speravo che i capelli crescessero in fretta, non avrei potuto più rasarli come facevo sempre d'estate: troppo impressionante lo sbrego col quale mi avevano aperto la testa. Per un paio di mesi avrei convissuto con una febbriciattola continua, non stavo bene ma tutti mi coccolavano. Il giardino di casa era la mia culla, sull'altalena mi godevo la frescura offerta dai castagni. Ares e Tusk – i nostri famigliari a quattro zampe che dialogavano abbaiando – non mi mollavano un attimo dal mio rientro. Eravamo alla ricerca di un po' di normalità.

Prendevo tante pillole per seguire una terapia intensiva farmacologica: antiepilettici. Papà leggendo il bugiardino e gli effetti collaterali esclamò: «Queste potrebbero ammazzare anche un toro!» Ecco: toro. Diventò il nostro modo convenzionale per ricordare nei tempi giusti tutte le pastiglie che avrei dovuto ingurgitare. Si capiva che la vita della famiglia Pizzo era stata rivoluzionata, ma si provava a sorriderci su per esorcizzare il periodo. «Ricordati le toro.» «È ora delle toro.»

La presenza della cicatrice era costante: qualcosa di tangibile, incombente, presente. Al tatto sentivo il rigonfiamento in testa. Mi guardavo allo specchio e mi inorgoglivo quasi fossi un reduce da chissà quale guerra.

In vacanza andammo a Fontane Bianche, vicino a Siracusa. Tutti insieme: c'erano anche gli zii e Alessandro. La voglia di stare uniti era sempre tanta. Ero ingrassato. Per le cure, ma anche per le mangiate. Persino papà, che non è mai stato un gran cuoco, mi preparava una pasta buonissima con tanto parmigiano. Mi abbuffavo di granite di mandorla: Avola, la patria di questo gustoso frutto secco, era lì a pochi chilometri.

Percepivo un certo nervosismo in papà, ma non capivo fino in fondo il perché. Mamma mi proteggeva, sempre attenta a coprire la mia testa dai raggi del sole. Con lei non parlavo mai dell'intervento, del tumore: non ce la faceva proprio e si nascondeva per piangere, regalandomi dolcezze.

Solo scrivendo questo libro la curiosità mi ha portato a rimettere ogni tassello della memoria al suo posto, a parlarne con i miei. A capire fino in fondo la sofferenza che hanno vissuto come e più di me. Ho scoperto cose che non sapevo, che mi hanno taciuto per tutelarmi. Cose che anche a raccontarle mi mettono i brividi.

Perché gli esperti si dividevano sul postoperatorio: sia sulla diagnosi del male, sia sulle cure da seguire. E così dopo l'estate, mentre io riprendevo la scuola (sarei stato accolto da un grande applauso in classe), i miei partivano per un consulto a Milano, all'Ospedale San Raffaele, per un colloquio con un luminare, riconosciuto come il massimo esperto in Italia di quella tipologia di tumore. Dopo ore e ore di sala d'attesa, il suo giudizio fu drastico. Sentenziò che il ganglioglioma – il nome scientifico del nemico che stava in testa: una forma abbastanza rara – sarebbe stato recidivo. La chemioterapia era l'unica speranza cui aggrapparsi. Altro che benigno.

Mamma ebbe un collasso, papà dovette portarla in braccio sul taxi.

Il cavaliere della morte dunque attaccava ancora, per il professore milanese ero spacciato, ma papà continuava a non sbagliare mossa sulla scacchiera. Tentennò a lungo: la chemio sembrava inevitabile con tutti gli effetti collaterali annessi. Lo sport diventava quasi una chimera, ma tutto questo io non lo sapevo, creavano quasi un cerchio magico intorno a me, per lasciarmi tranquillo.

Un giorno papà mi portò sull'Etna, fra il rifugio Sapienza e Tarderia, nei boschi di castagni e faggi che ci sono familiari. Lì ci riparammo per i nostri silenziosi discorsi, per trovare pace in mezzo alla potenza della natura. Qui mi preparò al ciclo chemioterapico, spiegandomi come avrei dovuto affrontarlo. Io risposi da ometto, fidandomi ciecamente: «Se va fatto, sono pronto». Dentro di me tornavano tante paure, intuivo la durezza di quelle cure. Il ritorno in palestra si allontanava. Il primo pensiero era per la caduta dei capelli: si sarebbe scoperto di nuovo il mio sbrego in testa.

Papà intanto continuava a smanettare al computer esplorando ogni angolo del Web, che negli anni Novanta non aveva ancora la capillarità della rete attuale. Basta sottolineare che il motore di ricerca Google è nato nel settembre del '97, dopo che ero stato operato.

«Ho smesso di fare il padre e mi sono tramutato in computer», mi ha confessato ora. Comunque sia, inseguendo strade alternative, papà trovò degli studi realizzati negli Stati Uniti: le statistiche lì lasciavano ben sperare. Non era detto che quel tipo di tumore fosse maligno. Allora ebbe il coraggio di dire no alla chemioterapia: sarebbe stata devastante per la mia adolescenza.

Così nell'ottobre del '97 partimmo per Verona, per nuovi consulti e ulteriori controlli. Per non perdere altro tempo i miei pagavano un milione di lire ogni risonanza magnetica e Tac. Erano uno stipendio, tantissimo per una famiglia. Continuavo a sottopormi a esami con mezzi di contrasto, flebo continue. A un certo punto non trovavano più vene da bucare. Ancora adesso ho le cicatrici sui polsi e sul dorso delle mani.

All'Ospedale Borgo Trento mi misero una strana gabbia in testa. Si chiamava casco stereotassico, serviva per esami ancora più precisi e anche per la Gamma Knife, una forma di radioterapia. Circondato da questi strumenti, le angosce avevano il sopravvento. Il tunnel appariva senza uscita.

In questo reparto gli orari di ricevimento erano più rigidi, mamma e papà li potevo vedere poche ore e questo non mi aiutava psicologicamente. Loro ingannavano il tempo passeggiando per Verona: parlavano di speranze e paure in attesa di responsi che stavolta avrebbero potuto essere definitivi. E in un pomeriggio autunnale arrivò dall'ospedale una telefonata, quella sognata: non c'era più alcuna traccia di quel maledetto tumore nella mia testa. Niente di niente. Lo sancivano tutti gli esami, soprattutto quelli in cui mi avevano messo il casco. Nessun bisogno di chemio. Ero guarito!

Papà chiuse la comunicazione al cellulare e abbracciò mamma, la sollevò urlando di felicità. Subito dopo la portò in una gioielleria del centro storico e le regalò degli orecchini di lapislazzuli, color del mare, i gioielli che mamma indosserà nel giorno del mio matrimonio.

Poi arrivarono ulteriori conferme dagli studi negli Stati Uniti, che zio Dario Jelo era riuscito a ottenere tramite altri colleghi americani: quel tumore, se asportato per intero, non avrebbe più creato problemi. Finalmente a casa si poteva avviare davvero un percorso per ritrovare la normalità. Ma non era semplice. Mi avevano aperto il cranio, erano entrati con i ferri nella mia carne. Tutto questo restava insieme alle paure. Lasciava il segno e non solo quello esterno. Quando mi girava la testa, c'era qualcosa di istintivo che scattava nella mente. Non che pensassi sempre al peggio, ma l'ansia riaffiorava subito.

Tornando a scuola, con i compagni, quella cicatrice diventava la... fica in testa. Ridendoci su, provavo a esorcizzare. Quando sarei entrato nell'Aeronautica Militare per anni l'avrei tenuto in qualche modo nascosto. Temevo che la storia di quel tumore pregresso potesse crearmi problemi con la scherma.

Mi è capitato di rientrare in ospedale per svariati motivi, ma quando varcavo quella soglia cercavo di uscirne in fretta. Lo so, capita a tutti, ma le mie paure, i ricordi, continuano a dare un input chiaro alle mie gambe: scappate via. Un po' di fifa ce l'avrò sempre. Tutt'ora quando ho mal di testa mi incupisco. È istintivo. È come scoprire di essere vulnerabile. Lo vivo come il mio tallone di Achille.

Negli anni quella parola, tumore, è scomparsa dai discorsi, dalla mente. È riaffiorata clamorosamente con il mio sfogo davanti ai giornalisti, dopo il Mondiale vinto nel 2011.

Oggi la mia attività con l'Associazione Italiana per la Ricerca sul Cancro mi ha portato realmente a esorcizzare psicologicamente il problema. A far sì che grazie alla mia testimonianza io possa aiutare e confortare tante altre persone che vivono drammi del genere. Questo mi gratifica, mi fa sentire utile. Migliore.

Come testimonial dell'AIRC, finirò più volte in televisione a raccontare la mia storia. Attraverso i social tanta gente mi contatta, chiedendomi consiglio su come comportarsi, avendo in famiglia un problema del genere. Cerco di stare vicino a tutti. Capisco che successi e medaglie sono niente di fronte alla disperazione di una madre con un figlio che sta molto male. Non è che esista una scuola che ti insegni cosa dire in queste situazioni drammatiche. Però sai che devi trasmettere qualcosa di positivo: non c'è altro da fare. Me lo hanno insegnato i miei genitori, per come mi hanno trattato durante la malattia. Io sono sicuro di essere stato salvato da medici bravissimi, cui dovrò per sempre la mia riconoscenza, ma non saprò mai quanto abbia influito la componente psicologica. E vi assicuro che ha influito. Quando la tua vita viene attaccata in quella maniera, l'aiuto esterno è fondamentale. Devi essere supportato. Se sei solo è tutto più difficile. Anche nel recupero devi avere persone positive attorno.

Nonostante abbia frequentato scuole cattoliche, non mi ritengo un credente in senso tradizionale. Ho però una mia spiritualità, che mi consente di riconoscere il bene e il male. Non so chi ha messo una mano su di me e mi ha salvato, ma il messaggio è arrivato forte e chiaro: sono stato rimesso in piedi per trasmettere valori positivi come solidarietà, condivisione nella sofferenza, non solo nella gioia. So di essere molto fortunato, per come sono andate le cose nella mia adolescenza. Per come oggi posso raccontarle e farne tesoro.

Un'altra esperienza che mi ha arricchito è quella che vivo in qualità di testimonial della Banca Centropadana, perché questo mi consente di avere un contatto diretto con i giovani, a scuola. E così racconto la mia storia ai ragazzi. Mi capita più volte l'anno. Non è solo un marchio, questo istituto bancario, ma anche un insieme di persone molto vicine. Col vicedirettore Costante Bonzio ho un rapporto quasi famigliare che va oltre l'intesa di questa sponsorizzazione.

Quando entro nelle scuole, all'inizio gli adolescenti si comportano con sufficienza, attratti più da quell'ora di «fuga» dallo studio. Poi col racconto l'attenzione sale e l'aula si fa più silenziosa. Avverto il loro stupore che diventa curiosità di sapere di più su quello che mi è successo, su come ne sia venuto fuori. Alla fine si crea un feeling. Cerco di far capire loro i valori che contano nella vita, quelle relazioni personali oggi troppo spesso delegate ai social network. Propongo di sfuggire a una omologazione fatta di superficialità, senza la capacità di approfondire amicizie, rapporti. Pensare di fare qualcosa per gli altri, non solo per se stessi.

La visibilità che ho attraverso lo sport ha dato altri riscontri che mi inorgogliscono. Vedendo le mie imprese mondiali, diversi ragazzini si sono appassionati cominciando a tirare di scherma. Mi piace l'idea di poter trasmettere energia positiva.

Ne trasmetto, ma tanta ne ricevo. Come è capitato con Roberto Ranieri, spadista campione europeo Under 23: in una dichiarazione alla stampa ha detto che io sono il suo esempio. Questo mi ha sorpreso, per me vale più di una vittoria in pedana. Parole sincere, spassionate: non potrebbe essere altrimenti e proprio per questo hanno un valore enorme. Più di altre medaglie vorrei cento di questi riconoscimenti.

La storia di Marco invece è diversa. Lui giocava nelle giovanili della Juve e aveva un tumore al cervello, molto più aggressivo del mio. Per me è stato un privilegio essergli stato amico, pur non conoscendoci di persona.

Mi aveva visto in tv e cominciò a scrivermi. Entrambi sportivi, poteva confidare paure che abbiamo condiviso in momenti diversi. Un mal di testa, un esame e si ritrovò malato terminale. Lo sentivo spesso al telefono, incitandolo a combattere, a resistere. Avevo promesso di andarlo a trovare, anche se lui non aveva molta voglia di incontrare persone, visto il suo stato. Gli interventi e la malattia ne avevano stravolto il fisico. Un giorno mi chiamò il fratello: Marco non ce l'aveva fatta. Questo è il rovescio della medaglia, quello brutto. Si lotta, si combatte, ma a volte si perde. A Marco e a tutti quelli che lottano dedico ogni stilla di sudore, tutta la forza di volontà che ogni giorno metto sulla pedana della scherma e soprattutto nella grande palestra chiamata vita. Quel rapporto epistolare profondo con Marco mi ha segnato, non potrò mai dimenticarlo.

Capitò poi a Ravenna, in una gara nazionale del 2015, che in una pausa della gara mi si avvicinasse una ragazza con le stampelle. Il suo incedere era lento e vedevo che a ogni passo il suo sguardo si illuminava. «Sono la fidanzata di Marco», mi disse e per me fu un sussulto, un'emozione enorme. Lei contentissima di incontrarmi, io impacciato ed emozionato al ricordo. Avrei voluto dirle tante cose, ma in quel momento non uscirono dalla bocca. Solo dopo le avrei mandato un lungo messaggio in cui sarei riuscito a trasmettere il mio stato d'animo.

La vita ti fa correre fra gare e impegni. Poi in queste

situazioni ti fermi, rifletti. Da testimonial metto la mia faccia sorridente, per dare conforto a chi soffre e vive situazioni drammatiche. E quel giorno Ravenna diventò un crocevia di storie. Come quella di un ragazzo affetto da una forma di rachitismo che non gli aveva consentito di crescere: si era sottoposto a un intervento dolorosissimo alle gambe per allungarle, per coltivare il sogno di tirare di scherma. Ma non era bastato, ne serviva un secondo. E i genitori ora mi chiedevano di conoscerlo, di dargli una parola di conforto. Provai a farlo, ma mi si stringeva il cuore. Poi arrivò ancora un Maestro di scherma parlandomi dei continui mal di testa di un suo allievo: mi chiese consiglio. Tutto questo cumulo di sensazioni forti cominciò a frullare nella mia, di testa, quella aperta quasi in due per togliere quel tumore maledetto. Ricordi ed emozioni si impossessarono di me. Risultato? Gara pessima. Giusto così. Solo un automa avrebbe potuto non restare emotivamente colpito di fronte a quelle storie.

6

Dal fioretto alla spada

Flash-back che mi fanno sorridere, rivisti nel tempo. Avrò avuto una decina d'anni e con papà, mamma e Marina seguivo il Trofeo Mannino a Catania, un torneo di spada internazionale di prestigio, che è stato anche prova di Coppa del Mondo Under 20. Mentre si tirava sulle pedane del vecchio palasport di Cibali, accanto allo stadio, io giocavo con una palla in un piccolo spazio dietro le tribune. Papà mi guardava triste, pensava che il calcio mi avesse distolto dalla nobile arte della scherma. In effetti allora ero molto affascinato dal pallone, non mi interessava seguire gare di altri, ma poi la scintilla scattò.

Furono le Universiadi di Catania, nell'estate del '97, l'episodio scatenante. Dopo l'intervento ero appesantito, per un lungo periodo avevo poca voglia di muovermi e tanta di restare a poltrire a letto. Del resto ero ancora stordito dalle cure cortisoniche. Un giorno mamma mi regalò una bella maglia di un marchio trendy: «Alzati, andiamo a vedere le gare dell'Universiade». La mia risposta pigra fu un no. A quel punto mamma con una certa energia mi tirò giù dal letto, mi spinse a prepararmi e, con la nuova maglietta indossata, andammo nella palestra dove si svolgevano le competizioni. Affacciato a un balconcino-tribuna dominavo con lo sguardo le pedane piene di atleti in gara. A quel punto la belva agonistica sopita si risvegliò improvvisamente. Fu grande la voglia di riprendere un'arma in mano. No, stavolta non successe come anni prima al Trofeo Mannino, quando ero distratto dal pallone.

Ora desideravo solo tornare in palestra e tirare. Seguivo quella piccola olimpiade e sognavo un giorno di disputarla (ci riuscirò due volte). Il sacro fuoco della scherma era tornato ad ardere dentro. E dire che non volevo neanche andarci... Grazie mamma.

La mia settimana da ragazzino era pienissima fra calcio, pallavolo e scherma. E così ogni weekend avevo sempre una gara per esaltare le mie doti agonistiche. Crescendo mi resi conto che tenere un'arma in mano e sbrogliarmela da solo dava più gusto. Nonostante fossi appassionato di qualsiasi disciplina, lo sport di squadra mi faceva arrabbiare troppo. Mi mandava in bestia prendere gol in porta perché i compagni non difendevano o vedere lo schiacciatore tirare fuori una mia bella alzata. Maturavo l'idea di scegliere la pedana dove ero da solo, in lotta con un avversario ben identificato di fronte. La scherma permette di conoscersi a fondo, senza cercare alibi nel comportamento di un compagno.

Certo, quando durante l'adolescenza disputavo gare sempre più impegnative di scherma, al ritorno a scuola mi sentivo quasi un alieno. Nessuno dei miei compagni riusciva a capire cosa significasse prendere in mano un fioretto o una spada. Soffrivo in silenzio gli sfottò della classe. In quel periodo scolastico disputavo anche gare internazionali, ma mai che un compagno condividesse una gioia o seguisse una gara. Soffrivo per questo, aggiungendo nella memoria una tacca per ogni sfottò subito. Il mio aereo fantastico da combattimento era segnato da tutte queste tacche: nemici... abbattuti in seguito con i risultati raggiunti in pedana. Ma nel frattempo, crescendo, non c'erano più vendette da consumare.

Come ho già detto, cominciai da fiorettista al Cus Catania. La sciabola, l'arma più dinamica, mi aveva sempre attratto, ma non capitò mai di praticarla. Il fioretto sta in mezzo fra sciabola e spada, che in teoria è più lenta. Del fioretto mi piace la spettacolarità che può creare. Apprezzo una certa libertà, perché non prevale chi tocca prima, ma c'è una ricostruzione dell'arbitro, ogni stoccata viene creata tatticamente in un certo modo. All'inizio la spada non mi piaceva, la vedevo un po' come la boxe nei pesi massimi. Da ragazzino alle gare di fioretto mi appassionavo, mentre la spada mi annoiava.

Per questo motivo ebbi un diverbio con papà a Rimini. A tredici anni col fioretto mi divertivo, tanto che nella tradizionale gara nazionale in Romagna arrivai sul podio gareggiando con centinaia di partecipanti. Il giorno successivo presi parte alla competizione di spada, sulla quale papà – che era nato e cresciuto spadista, con qualche convocazione fra gli azzurrini prima di smettere – era prodigo di consigli. Ma io stavo poco a sentirlo e mi annoiavo. «Tanto che vuoi che faccia con la spada?» risposi svogliato. A quel punto lui, senza proferire parola, lasciò il palasport e mi aspettò in macchina. Per diverse ore, perché comunque io avanzai fino agli ottavi di finale, dunque una gara più che buona.

Papà percepiva che mi stavo ponendo in maniera preconcetta verso la spada, senza conoscere bene l'arte di quest'arma. Ancora una volta ci aveva azzeccato, e lo avrei capito solo col tempo.

Ecco, i miei hanno grande cultura sportiva, ma a differenza di quello che può sembrare non sono mai stati invadenti. Gli interventi sono sempre stati mirati a rimettere nei giusti binari un ragazzo a volte troppo esuberante.

Come quella volta a Mazara del Vallo, durante una gara di fioretto: l'arbitro ricostruì l'azione dando il punto all'avversario. Io d'istinto, per protesta, mi buttai a terra a pelle d'orso per qualche secondo. Poi mi rialzai, e strinsi la mano a Peppe Di Martino, il rivale di sempre che mi aveva eliminato in semifinale. Quando mi avvicinai in tribuna dai miei, il cazziatone di papà mi annichilì: non concepiva di vedere nello sport certi atteggiamenti sbagliati e vittimistici. L'alibi non può esistere. E poi un'altra volta – già sedicenne ancora a Rimini – nel fioretto uscii agli ottavi perdendo contro Matteo Tagliariol (futuro olimpionico a Pechino) e, nervoso per quella sconfitta, risposi male a papà. Lui mi prese per il colletto della divisa e – davanti a tutti – quasi sollevandomi da terra, mi gridò fra i denti: «Ricordati sempre che sono tuo padre!»

Dopo l'intervento alla testa ripartii dall'Eurota, un'altra società di scherma di Catania che prende il nome dal fiume di Sparta. Un corso d'acqua che sfocia nel Golfo della Laconia, la regione di Marathias. Come dire, un cerchio che si chiude. Ma questo si capirà meglio più avanti.

Il Maestro Domenico Sperlinga inseriva delle innovazioni nella disciplina della spada. Nuovi motivi dinamici, perché di solito lo spadista è un difensore che sfrutta il tempo per anticipare chi attacca. Invece, con questi elementi di novità in attacco l'arma diventava molto interessante. Carpii che non dovevo solo difendermi, e attaccando potevo sbizzarrire la fantasia. All'inizio prendevo tante bastonate, ma quando piazzavo la stoccata provavo grande soddisfazione. Ora la spada mi prendeva. Progressivamente abbandonai il fioretto, che era stato il primo amore nella scherma, anche perché ero un po' disgustato dalla forte influenza che può avere il giudice sulla gara. La semplicità della spada, con questi elementi di dinamismo, fece scattare la grande passione. Ma c'è un altro flash, che ricordo ancora insieme a quello che è diventato il mio amico Peppe Di Martino. Dopo la visita in ospedale il nostro rapporto cambiò: rivali sì, ma non più nemici. Incrociammo di nuovo i fioretti a Modica, per una gara fra cadetti. Lui in gran forma, nel '98, mentre io avevo appena ripreso dopo la malattia. Ebbene, vinsi con una rimonta tutta grinta. Quando togliemmo la maschera, vidi Peppe deluso ma non arrabbiato, come capitava allo sconfitto di turno dopo le nostre interminabili sfide: in fondo era felice di aver ritrovato il rivale che il destino aveva rischiato di eliminare per sempre.

La crescita in questa fase di adolescenza era esponenziale. Il metro? Gli incontri con papà. Sin da ragazzini, io e Marina, eravamo abituati a tirare con lui. All'inizio non riuscivo manco a toccarlo, poi pian piano combattevo quasi alla pari e cominciai a vincere, fino a quando con la piena maturazione del mio corpo era lui che a volte non riusciva più a toccarmi.

Finito il liceo, partii per la leva militare e scelsi l'Aeronautica, che aveva un gruppo sportivo ben organizzato.

Erano appena state abbattute le Torri Gemelle a New York e stava per scoppiare la seconda Guerra del Golfo. Alla partenza dalla stazione di Catania, le lacrime di nonno Saro – che la seconda Guerra Mondiale l'aveva combattuta – restano indelebili nella memoria.

La caserma era quella di Vigna di Valle, vicino ad Anguillara, sul lago di Bracciano. Qui, nel centro sportivo, potevo allenarmi nel pallone tensostatico insieme a tanti altri atleti. Il resto era vita militare: corvée, piantonamenti e turni al museo dell'Aeronautica.

Un anno abbastanza duro. Perché se è vero che ero stato educato alla disciplina sportiva, quella militare è diversa. Non potevo uscire quando volevo, per ogni minima cosa che non andava venivo ripreso. Faticavo, ad appena diciotto anni, alla mia prima esperienza lontano da casa.

Stentavo a capire i regolamenti. La prima volta che decisi di andare a casa non mi resi conto delle procedure rigide per la concessione di una licenza e combinai un mezzo casino, facendo arrabbiare tutti i miei superiori.

Ci sono soprattutto tre sfuriate che mi rimangono stampate nella mente. Venni ripreso mentre tagliavo l'erba perché prendevo angolazioni diverse, cambiando il disegno del prato, anche se io non vedevo la differenza. Altra reprimenda perché in deposito presi una bottiglia d'acqua dove ce n'erano a migliaia. Poi, svolgendo servizio al museo, nell'annunciare agli ospiti la chiusura, li definii «gentile clientela». Il superiore quasi mi fece mangiare il microfono gridandomi che non stavo al supermercato.

Il maresciallo Antonio Di Biase, che mi urlava dalla finestra per i disegni sul prato, il maresciallo Dario Magagnini, che mi riprendeva per la bottiglia, e il sergente maggiore Gabriele Anfora, che al museo voleva farmi mangiare il microfono: ecco le persone cui mi sento umanamente più legato. Gente che con le regole ha trasformato uno scapestrato in un uomo. Oggi sono tutti, con diversi gradi, responsabili del gruppo sportivo.

All'inizio, per esempio, Anfora mi apostrofava: «Ecco il coglione!» ma era un modo per spronarmi. Sono state persone vicine nei momenti delicati della mia carriera: quando cominciavo a ottenere risultati ma la convocazione in Nazionale non arrivava. Con loro mi sfogavo, e non dimenticherò mai che Gabriele Anfora nel momento in cui ero più scoraggiato mi disse sicuro: «Tu entrerai nei primi quattro spadisti, in pianta stabile nella Nazionale». In un periodo nel quale non avevo mai vestito nemmeno uno straccio di azzurro, facevo fatica a credergli. Invece poi tutto si sarebbe avverato, anche perché queste persone hanno sempre creduto in me, facendo in modo che l'Arma aiutasse la mia crescita.

La vita diventava dura. I viaggi in treno da Catania a Roma, e viceversa, duravano circa dodici ore. Poi dalla capitale prendevo la metropolitana e ancora un treno verso la stazioncina di Vigna di Valle, da dove spesso coprivo a piedi, carico di bagagli, i tre chilometri per arrivare in caserma.

Alla fine della leva – col morale giù perché era finita la storia con la mia prima fidanzata a Catania – chiamai i miei al telefono manifestando l'intenzione di non iscrivermi al concorso per la ferma di ulteriori quattro anni e lasciare subito l'Aeronautica. Papà cercò dapprima di convincermi, poi passò alle maniere forti: «Se credi di tornare a casa non ti facciamo entrare!» So quanto gli sarà costato dirlo. Ma sono anche sicuro che se avessi mollato avrei trovato davvero la porta di casa chiusa. Ancora una volta agiva per il mio bene. Duro per me accettarlo, ma il tempo avrebbe dato ragione ai miei genitori.

Fu la svolta della mia carriera schermistica. Non fu un caso che, con le nuove certezze, agli Assoluti di Conegliano del 2002 per la prima volta entrai nelle finali tirando sino ai quarti e sfiorando il podio.

Nonostante sia diventato un sergente dell'Aeronautica, non ho grandi esperienze di volo se non quelle da passeggero. Però c'è un ricordo bellissimo, relativo a un viaggio da Pratica di Mare ad Aviano, dove andammo per assistere alle evoluzioni delle Frecce Tricolori. Su quel C130 ebbi il privilegio di sedermi in cabina di pilotaggio e mi sentii un bambino felice potendo ascoltare in cuffia i comandi della torre di controllo e – in una giornata tersa dalla visibilità perfetta – ammirai dall'alto un'Italia bellissima.

Archiviati i dubbi successivi e le difficoltà della naia, oggi vedo Vigna di Valle per quello che è: un posto bellissimo. Non più una caserma... detentiva. Perché un centro sportivo sul lago non capita di trovarlo da tutte parti, e quella distesa d'acqua mi fa sentire un po' a casa, come essere al mare. Al tempo stesso si respira la storia perché l'aeroporto è il più antico insediamento aeronautico: da qui nel 1908 decollò il primo dirigibile italiano.

Nel museo, fra tanti velivoli d'epoca, ce n'è uno più moderno che mi affascina: il Tornado, usato nella prima Guerra del Golfo nel '91. Quell'apertura alare variabile e quell'aerodinamicità incredibilmente accentuata delle ali che si richiudono mi hanno colpito sin da bambino.

7

Tutte le strade portano a Roma

Dal 2002 al 2006 ho fatto il pendolare fra Catania e Roma. Una settimana al mese la passavo in ritiro nella caserma di Vigna di Valle; le altre – se non avevo gare – restavo a casa e mi allenavo con Sperlinga. Invece sul Lago di Bracciano era il Maestro Davide Augugliaro a occuparsi del settore tecnico scherma. Seguiva, come squadra dell'Aeronautica, un gruppo formato da me, Matteo Tagliariol e Stefano Carozzo. E l'Arma aveva visto bene, dato che tutti e tre abbiamo vinto una Coppa del Mondo: nel 2005 Stefano, nel 2008 Matteo e nel 2011 io. Quelle settimane erano molto intense, stimolanti, e mi proiettavano verso un'attività di alto livello.

Nella primavera del 2003, ai Mondiali Under 20 di Trapani, mi fermai a un passo dalle medaglie e così il ct Cuomo decise di convocarmi per le ultime due prove stagionali di Coppa del Mondo Senior, le prime in assoluto per me. A Barcellona ebbi un esordio così così, poi a Berna feci una bella gara da sconosciuto ventenne, tirando fino agli ottavi. Come premio di quelle promettenti prestazioni arrivò la convocazione per le Universiadi, in programma in Corea, a Daegu, nell'agosto del 2003. Sei anni prima le sognavo, da spettatore nella mia Catania: ora potevo godermele coi miei occhi. Non è sbagliato chiamarla piccola Olimpiade, perché in effetti l'organizzazione era eccezionale e i coreani furono davvero bravissimi. I miei brividi cominciarono all'aeroporto di Fiumicino, dove mi ritrovai alla partenza fra centinaia di azzurri: spaesato e felice. Peccato che per un problema di orari di volo arrivammo quando la spettacolare cerimonia di apertura era in corso, così ammirammo dall'autostrada i fuochi d'artificio che incorniciavano lo stadio. La gara andò discretamente, mi fermai a un passo dalle medaglie perdendo ai quarti contro lo svizzero Benjamin Steffen. (Questo incontro si sarebbe ripetuto sei anni dopo, nel 2009, alle Universiadi di Belgrado, e sarebbe valso la medaglia d'oro.) Curioso il fatto che gli organizzatori riempissero gli spalti con tifosi coreani divisi esattamente a metà, con bandiere e magliette della nazionalità degli atleti in pedana. Per la prima volta mi ritrovavo a tirare in un impianto gremito e con un entusiasmo incredibile sugli spalti. Una bella sensazione anche se si trattava di una claque.

Crescendo professionalmente, aumentava anche la cura dell'atleta per il proprio attrezzo. Nel tennis esiste un tecnico che controlla la tensione delle corde delle racchette, e nello sci c'è chi si occupa della sciolina. Anche nella scherma il tecnico delle armi è una figura importante, che controlla prima di ogni gara ogni centimetro delle spade. Il mio da sempre è Antonio Di Biase, il superiore in Aeronautica che, insieme a Gabriele Anfora e Dario Magagnini, diventò il mio confessore. Con Antonio, addirittura, finimmo per condividere anche la camera in un ritiro, quando quasi per punizione fui escluso dalle stanze dove dormivano gli altri atleti. Anni complicati, in cui questi tre amici e l'Aeronautica in generale mi sostenevano sempre, credendo profondamente nelle mie possibilità di emergere. A cominciare dal capo della Sezione Sport, il tenente colonnello Alessandro Loiudice. Senza il supporto di queste persone e dell'Arma non sarei diventato l'uomo che sono.

Una vicinanza umana che andava oltre i ruoli. Un esempio? La prima volta che vidi Daniela eravamo a Padova e mi colpì, in pedana, quella sciabolatrice romana che tirava con grande grinta. Era il 2005. Confidai questo mio sentimento a Gabriele Anfora, che ci presentò, e scoccò subito la scintilla. La prima serata insieme fu folle: a Bracciano per conoscerci, esplorarci. Poi fui costretto a partire immediatamente per Catania. Presi la mia Punto e feci quasi novecento chilometri: mi tennero sveglio l'adrenalina e il sapore di quei primi baci. Tutto in una notte: l'emozione fu tale che mi parve di arrivare in Sicilia in cinque minuti, e invece erano passate almeno nove ore con un pensiero fisso: Daniela. Nasceva qualcosa di importante. Un cammino di crescita che consolidava la mia vita. Da un lato il ragazzo diventato uomo con un rapporto solido, dall'altro l'atleta nel pieno delle sue forze alla ricerca della sua collocazione a livello internazionale. Con Daniela andava bene e spesso rimanevo a dormire a casa dei suoi. Tanto che dal 2006 ho deciso di trasferirmi definitivamente a Roma, dove ho comprato casa nel 2008.

In questo periodo ecco irrompere una delle persone più importanti della mia vita, il Maestro russo – o meglio sovietico, come amava ripetere scherzosamente – Oleg Pouzanov. La prima volta che lo avevo incrociato lui era nello staff della Nazionale e mi ritrovai a far lezione in un raduno a Formia: avrò avuto poco più di vent'anni ed ero molto emozionato. Cercai di dare il massimo per mettermi in mostra. Una pedana in avanti, una indietro: a quel punto lui tolse la maschera, mi strinse la mano e se ne andò ridendo. Indimenticabile e traumatico per me. Quattordici metri di pedana percorsi solo due volte: ventotto metri di vergogna. Evidentemente facevo talmente schifo ai suoi occhi che non voleva perdere altro tempo.

Rimasi come uno stupido con la spada in mano, senza sapere cosa fare. Ma lui rimane un mito, e non solo per me: per chiunque faccia scherma. Basti pensare che in Unione Sovietica, oltre a essere stato un ottimo atleta, era diventato responsabile di tutta la scherma, delle tre armi. Mi definiva «un armadio tutto storto che fa un sacco di movimenti».

Ora a Vigna di Valle mi allenavo meno, la mia palestra di riferimento era diventata il Club Scherma Roma, all'Acqua Acetosa, lo stesso di Daniela.

Qui Oleg era Maestro e ogni giorno mi scrutava curioso mentre mi allenavo. Si avvicinava pronunciando secco la sentenza: «Tu perdi tempo. Non puoi permetterti di perdere tempo». Aveva ragione: fisicamente ero esplosivo ma avevo bisogno di maggiore disciplina sotto il profilo tecnico-tattico. Capivo che era il migliore. Lui lesse nei miei occhi l'umiltà, la voglia di impegnarmi duramente per migliorarmi. Cominciammo a lavorare insieme, un percorso di sudore e rigore che è diventato esaltante. I risultati cominciarono subito ad arrivare: secondo all'Open di Ravenna, alla prima gara della gestione Oleg.

Le mie giornate romane erano scandite così: arrivavo al mattino in palestra e ne uscivo che era già sera. Dalle dieci solo lavoro fisico, senza arma, seguito dal preparatore

Andrea Lo Coco (tra l'altro marito di Mara Navarria, spadista e anche lei allieva di Oleg). Ripetute, scatti, salti, pliometria: tutto a carico naturale, senza pesi. In più corsa per la base aerobica: almeno quaranta minuti, con cambi di ritmo. Poi pausa pranzo e pomeriggio in pedana. Almeno mezz'ora col Maestro, poi un altro paio d'ore a tirare con gli altri atleti. Alla sera ero stanco: solo voglia di dormire.

Discese e risalite. La mia vita è fatta così e ne sono particolarmente orgoglioso. Perché ogni volta che sono caduto, mi sono rialzato senza piangermi troppo addosso. Nel 2006 arrivò il mio primo infortunio grave. A Genova, al Trofeo Pompilio, tiravamo su una pedana rialzata posta in una sala da ballo dove dominava in alto uno stroboscopio. Scivolai col piede destro dalla pedana, la gamba sinistra sopportò tutto il peso del corpo e il ginocchio fece leva con un movimento innaturale. Sentii un crac. I medici mi tennero per terra per capire che danno ci fosse: interessamento del legamento crociato. In qualche modo mi rimisi in guardia per finire il match. Ovviamente persi. Ma dentro di me trovo sempre quelle risorse che mi portano a non mollare mai, a battermi anche se il dolore fisico è forte. La successiva diagnosi a Roma confermò la lesione. Decisi di non fermarmi: stavo cercando in tutti i modi di entrare nel giro della Nazionale, anche se il ct Carlo Carnevali non mi «vedeva». Potenziavo i carichi di lavoro per rendere le gambe più muscolose e sottoporre a minore stress i tendini. Arrivai ai campionati Under 23 cui tenevo tantissimo e ressi fino ai quarti, quando in un affondo sentii il ginocchio sinistro letteralmente uscire e rientrare nella sua articolazione. Dolore spaventoso: comunque finii la gara. Cercavo di continuare ma qualche settimana dopo a Bratislava, tirando a squadre contro l'Ungheria, il ginocchio si ribellò per la terza volta e quel male cane mi convinse a fermarmi e operarmi. Intervento chirurgico effettuato a Villa Stuart, luogo molto frequentato dagli sportivi. Qui conobbi i calciatori Alberto Aquilani e Gigi Di Biagio. Svolgevamo percorsi di riabilitazione paralleli per i rispettivi infortuni. Di Biagio, dall'alto della sua esperienza, vedendomi sudare e soffrire mentre correvo sul tapis roulant, mi diede un consiglio che in seguito è sempre tornato utile: «Il segreto della corsa sta negli appoggi. Cerca di essere più leggero possibile e la tua corsa sarà più agile e meno faticosa». Incrociai anche il mitico rugbista e conterraneo Andrea Lo Cicero. Insomma, io che sognavo l'azzurro mi ritrovai in mezzo ad atleti che avevano disputato le più grandi manifestazioni internazionali, e questo mi fece sentire meglio. Era l'estate del 2006, il recupero non era semplice, ma grazie al duro lavoro con i fisioterapisti Alessandro e

Valerio (il loro centro Raphael continua a essere per me un punto di riferimento) accelerammo i tempi. Sei mesi era la prognosi: io eccezionalmente ne impiegai solo tre, correndo un unico rischio. Seguendo in tv la finale del Mondiale di Berlino, l'esultanza al rigore segnato da Fabio Grosso rischiò di mandare tutto in frantumi: feci un salto e, per evitare di ricadere e subire un duro contraccolpo, mi buttai per terra, approfittando di quella destrezza nel cadere imparata nella pallavolo da bambino.

A inizio autunno mi presentai a un raduno della Nazionale, e in una simulazione di gara vinsi contro atleti fortissimi, fra cui uno spagnolo medaglia olimpica. Sarà stato perché mi sentivo più leggero, o sarà stata la voglia di tornare in pedana: stavo molto bene e tiravo benissimo. Una sola cosa fece male: alla fine di una giornata eccellente, non arrivò nemmeno una parola del ct Carnevali. Nemmeno una pacca sulla spalla o un gesto. Insomma, nella Nazionale facevo solo lo sparring partner: in pratica allenavo i titolari ma avevo poche possibilità di entrare in squadra, non riuscivo a sfondare.

Avevo bisogno di fare esperienza e per fortuna l'Aeronautica puntò forte su di me e mi finanziò due trasferte di Coppa del Mondo: in Kuwait e in Qatar. A Kuwait City arrivai sino ai quarti, battendo il campione olimpico

Tagliariol. I segnali c'erano tutti, ma faticavo a entrare in azzurro in pianta stabile. Altri avrebbero mollato. Io no. Per caricarmi mi sparavo in cuffia il rap di Eminem, *8 mile*.

Sometimes I just feel like, quittin I still might
Why do I put up this fight, why do I still write
Sometimes it's hard enough just dealing with real life
Sometimes I wanna jump on stage and just kill mics
And show these people what my level of skill's like.

A volte vorrei proprio mollare, potrei ancora farlo
Perché oppongo resistenza? Perché scrivo ancora?
A volte è già abbastanza duro avere a che fare con la vita reale
A volte voglio balzare sul palco e dimostrare che sono in gamba
E far vedere a questa gente qual è il livello della mia bravura.

Durante la gestione del ct Carnevali conquistai la prima finale in Coppa del Mondo, entrando nei primi otto in una tappa internazionale di categoria assoluta: a Berna nel 2008. Il ct mi disse: «A questo punto mi hai convinto. Entri nel giro. Dovrebbe succedere qualcosa di straordinario perché ciò non accada. Nel caso, ti aprirai una focacceria». Era il tormentone che mi ripetevo: se non sfondo con la scherma apro una focacceria a Roma. Stavolta sentivo che stava cambiando il rapporto con la Nazionale, ma accadde purtroppo qualcosa di incredibile: Carnevali in vacanza sulla neve in Trentino venne colto da infarto e morì, il 31 dicembre del 2008. Il dispiacere umano fu grande: non potrò dimenticare mai il suo sigaro, quell'odore acre che lo caratterizzava. All'Olimpiade di Pechino aveva portato Tagliariol all'oro e la squadra di spada al bronzo, ma non eravamo mai riusciti a legare. Io ero la pecora nera del gruppo. Peccato soprattutto per la persona. Peccato perché nel momento in cui stava cominciando ad apprezzarmi scomparve.

Arrivava, o meglio tornava, come commissario tecnico Sandro Cuomo, uno che come atleta aveva disputato quattro Olimpiadi vincendo pure un oro a squadre ad Atlanta. Con lui ripartiva la mia battaglia per affermarmi.

In quello stesso 2008, agli Assoluti di Spoleto, capitò un altro episodio importante. Ero in condizioni psicologiche non ideali. Si era aggravata la nonna materna: non aveva retto il dolore per la morte di nonno Saro e le sue condizioni peggioravano. Un colpo pesante per tutta la famiglia e naturalmente anche per me, che vivendo a Roma avvertivo come un peso la distanza dagli affetti. In generale, prima di una gara, quando mi concentro, divento insopportabile: il dispiacere per le sofferenze della nonna acuiva l'isterismo. Passai bene la fase a gironi, poi superai il mitico Alfredo Rota – uno dei più forti spadisti italiani – e a quel punto incrociai Enrico Garozzo agli ottavi. I nostri rapporti erano già amichevoli, Enrico sapeva che non stavo attraversando un periodo positivo per via dei dispiaceri in famiglia, ma prima della sfida mi affrontò. Era molto sicuro di sé, io invece piuttosto agitato: «Senza la maschera, amici. Quando metto la maschera non guardo più in faccia nessuno». Un concetto che è sempre stato anche mio, ma che in quel momento fece un certo effetto, detto da un ragazzo di appena diciannove anni. Quei nostri stati d'animo così diversi in quel momento finirono per riflettersi anche in pedana. Un match complicatissimo, poi perso. Volevo dedicare un risultato importante a nonna, ero motivatissimo ma non ci riuscii. Enrico, sfruttando bene il mio nervosismo, vinse con merito. Al dolore si unì l'amarezza, ma quel giorno capii che Garozzo sarebbe diventato un grande. Per fortuna l'indomani avrei festeggiato con grande trasporto emotivo il titolo italiano a squadre vinto con l'Aeronautica Militare. Cadere e rialzarsi: sempre. Avevo un trofeo da dedicare a nonna Liliana.

Con Enrico c'è un'amicizia forte, fatta di silenzi e di grandi intese, anche negli sguardi. Ci vogliamo davvero bene, ma lo mostriamo in maniera decisamente non convenzionale. Sarà l'attività agonistica individuale o il nostro carattere, ma è un dato di fatto. Il nostro essere catanesi, la condivisione di una lingua madre e della nostra *liscìa*, rende il rapporto assolutamente imprevedibile e incontrollabile in certe situazioni. Ciò che gli inglesi chiamano *humour* per i catanesi è *liscìa*, ovvero un misto di ironia sfottente e sarcasmo amaro. Il catanese esprime al meglio questo stato d'animo usando espressioni tipiche e altre inventate all'occorrenza.

Qualche esempio? Eravamo in ritiro vicino a Perugia con la Nazionale. Lui stava con una ragazza serba e in un outlet le comprò un paio di stivali, decisamente pacchiani per i miei gusti. Fucsia, inguardabili, magari adatti a quelle signorine che frequentano i marciapiedi di notte. Dibattendo sulla bellezza o meno di quegli stivali, gli dissi che li avrei indossati a colazione per far vedere a tutta la squadra quanto fossero brutti. Al solo pensiero Enrico andò fuori di testa, insultandomi pesantemente. Gli risi in faccia. Lui avrebbe voluto prendermi a cazzotti: ma tra noi funziona così. E tutto finisce in risata, quando la vittima sbollisce la rabbia. La *liscìa*, appunto.

Capitava ovviamente a parti invertite. Io «puntai» in ritiro una ragazza carina della Nazionale. Lei era molto timida: non era stato semplice appartarsi in camera. E quel cretino di Enrico cominciò a battere forte alla finestra urlando i nostri nomi e chiedendo se avessimo consumato. Uscii come una furia, lo tirai dentro nella stanza e per non mettergli le mani addosso cominciai a lanciare di tutto verso il muro, compreso un braccialetto regalatomi dalle amiche del cuore Irene e Roberta e che purtroppo si spaccò. La ragazza non mi ha più guardato in faccia, ovviamente. Mentre io avrei voluto spaccarla a Enrico, la faccia, ma lui continuò a ridere come un pazzo.

Passando ad argomenti un po' più seri, anche il nostro approccio alla scherma era stato abbastanza diverso. Non la pensiamo allo stesso modo su tante cose, ma la nostra forza sta nella franchezza: con Enrico ci diciamo sempre tutto in maniera diretta, sincera, pure a costo di farci male. Fra noi non ci sono segreti e mai c'è stato un comportamento opportunistico. La nostra intesa fa sì che le trasferte in azzurro, con camera condivisa, diventino sempre un divertimento.

La competitività appartiene alle nostre vite, anche fuori dalla pedana. Come quella volta che affamati, tornando da Berna in treno, nel vagone ristorante era rimasto un solo hamburger. Io pretendevo la prelazione, avendo ottenuto un risultato migliore in gara. Enrico non mollava di un centimetro e quasi facemmo a botte. Davanti a noi c'era il collega Francesco Martinelli che disse scoraggiato: «Manco i miei figli piccoli fanno così». Alla fine lo dividemmo, ma quelle discussioni ce le saremmo rinfacciate almeno per un anno.

Un po' ci piace fare i bambini. Un po' siamo permalosi, io in particolare. Ma agonisticamente lo considero un valore aggiunto. Come a Stoccolma, nel 2009, al Challenge Bernadotte, prova di Coppa del Mondo. Mi qualificai nel tabellone principale dei trentaduesimi di finale. Al mattino ero il primo degli italiani a tirare. Quella Nazionale era molto forte e aveva diversi atleti fra i primi sedici del ranking internazionale, a cominciare dal campione olimpico Tagliariol. Ero impaziente di scendere in pedana a tirare e per far sbollire la tensione mi avvicinai alla tribunetta dove stazionavano tutti gli azzurri. L'intesa del gruppo era buona: si rideva e scherzava, ma non per questo si perdeva la concentrazione. Mi avvicinai a uno dei leader e gli chiesi se già dai trentaduesimi c'era la moviola disponibile in pedana. «Ma che moviola, vai a tirare, coglione!» mi apostrofò. Ci rimasi male. Abbozzai un sorriso, visto che tutti ridevano. Dentro di me pensavo: questa me la segno. La carica diventò quella giusta: arrivai secondo. In quel momento il miglior risultato internazionale. Di questo episodio non ho mai parlato con nessuno, ma ne sono particolarmente fiero. Ho dimostrato – probabilmente più a me stesso che agli altri – che con questo siciliano un po' permaloso non si può scherzare più di tanto.

Intanto nel 2008 compravo casa con Daniela. Una villetta su tre livelli con giardino, poco fuori Roma, zona Marco Simone. Quello che mi colpì subito era la vista sulla campagna, un panorama che mi dava tranquillità. Qui ricostruivo gli equilibri da adolescente catanese. Nel senso che impiegavo quaranta minuti per arrivare in palestra, in città. Gli stessi tempi di percorrenza tra Pedara e Catania, coperti con l'impareggiabile zia Patrizia sulla R4 bianca. L'Appennino alle spalle, poi, mi ricordava l'Etna. Con le dovute proporzioni: montagna dietro, campagna davanti e un po' più avanti il mare. Forse anche inconsciamente questa posizione mi faceva sentir bene: coccolato dalla natura.

Comprare casa fu un sacrificio enorme, complicato con uno stipendio da militare. Io e Daniela l'avevamo costruita mattone su mattone, aiutati dai genitori. Ogni bolletta da pagare diventava un assillo, ma c'era anche molto orgoglio: poco più che ventenni possedevamo una casa, avevamo una nostra autonomia. Certo, quando si tappava la fogna e ti ritrovavi il pavimento pieno di liquami non era bello. Ma tutto questo dava maggiori responsabilità.

Il giardino è il mio posto preferito, il mio habitat. Chi vede un «animale» agonistico in gara, magari non immagina che la stessa persona si trasformi e trovi pace piantando pomodori o curando le fragole.

Il 2009 risulterà la mia stagione migliore, fino a quel momento: tre pódi in Coppa del Mondo e quattro finali. Senza Europei e Mondiali – gare queste che danno punteggi più alti – arrivai addirittura quinto nel ranking mondiale. Non bastarono però per partecipare al clou internazionale: solo nel 2010 a Parigi avrei disputato il primo Mondiale.

Eravamo a Bogotá, in Colombia nel 2009, quando il ct Cuomo comunicò le attese convocazioni. Ero in forma e mi aspettavo la chiamata per gli Europei. Invece il selezionatore mi disse che avrei disputato solo le Universiadi. Il giorno dopo tiravamo di squadra in Coppa del Mondo e io esordivo in azzurro, ma non avrei poi partecipato agli Europei successivi. Il mio concorrente era Francesco Martinelli: al Mondiale sarebbe andato chi avesse fatto meglio. Io all'Universiade, lui all'Europeo. Eravamo pure in stanza insieme, io e Francesco: ci vogliamo bene e ci stimiamo. Incredibile la situazione: il giorno dopo avremmo tirato insieme di squadra, ma ognuno sapeva che se fosse andato al Mondiale sarebbe stato a discapito dell'altro.

Quel giorno, a Bogotá, Cuomo mi schierò titolare: l'approccio risultò eccellente e vincemmo la gara a squadre, dominando anche con la favorita Francia in finale. Alla fine mi sentii un po' spaesato. Sarei partito per l'Universiade quando avrei meritato l'Europeo. A Belgrado non volevo proprio andare, ma nonostante questo rispettai il ruolo – ero tra i favoriti –, arrivai in fondo e conquistai la medaglia d'argento, sconfitto da Steffen come sei anni prima in Corea. Una medaglia preziosissima anche se con un retrogusto amaro: entusiasmante la rimonta nei quarti, quando sotto 7-1 ripartii con rabbia battendo 15-14 il kazako Elmir -Alimzhanov. Bene anche nella gara a squadre: un altro argento. Dunque rientravo dalla Serbia con un ottimo risultato: due medaglie. All'Europeo il concorrente Martinelli non andò bene nell'individuale mentre la squadra conquistò il bronzo. Sembrava che i risultati mi fossero favorevoli. Cuomo però per il Mondiale sceglierà Martinelli. Dura da accettare. Chiesi di lasciare il ritiro premondiale per stare vicino a mamma, a Catania, che in quel periodo non stava bene e doveva sottoporsi ad alcuni delicati interventi.

Anche quella del 2010 è stata un'ottima stagione. Avevo raggiunto una costanza di rendimento ad alti livelli. Stavolta sarei stato convocato per Europei e Mondiali. A Lipsia non andò bene nella rassegna continentale, ma finalmente arrivavo a Parigi a tirare con i migliori del globo. La cornice del Grand Palais, sugli Champs-Élysées, era favolosa. Irripetibile, un posto affascinante. Nel ranking partivo dalla top 10, ma tirai male perdendo nei sedicesimi contro un americano. Nella gara a squadre ero riserva e anche qui le cose andarono malissimo. Nello scenario più bello il Mondiale fu pessimo. Pagai lo scotto dell'esordio, anche se avevo ventisette anni. Dovevo per forza vincere e non ci riuscii. Andò bene invece al mio amico Enrico Garozzo, perché perse solo l'assalto che gli avrebbe garantito una medaglia: aveva appena ventun anni, ma senza pressioni esordì decisamente meglio. Quando venne eliminato, io fui contento. Sì, lui sapeva che l'avrei «gufato». Questo nulla toglie al nostro rapporto. Anche lui mi ha gufato in altre situazioni. Ma ci siamo sempre detti tutto. Avendo vinto poco ero un po' cattivo, ma nel tempo sarei cambiato.

Il 2011 era l'anno in cui il Mondiale sarebbe stato organizzato nella mia Catania e al tempo stesso era la stagione della qualifica olimpica. Mi sembrava un'interminabile attesa per la voglia che avevo di aggredire la pedana. Cominciai bene con una finale e un podio nelle prime tre gare individuali di Coppa del Mondo. Quella in mezzo che andò male, fu per via di un infortunio a un braccio.

Intanto, dopo i primi anni belli, le cose si complicarono con Daniela. Entrambi caratteri forti, cominciammo a litigare su ogni cosa. Da quelle più stupide alle più importanti. Daniela era nazionale di sciabola, ma stava lasciando lo sport per intraprendere un cammino universitario. Era a un bivio della sua vita. Un periodo di stress che si ripercuoteva in casa, anche perché io in parallelo stavo finalmente entrando in Nazionale e sentivo che la carriera era vicina a una svolta.

Anche se la convocazione per gli Europei di Sheffield

risultò per me traumatica: avrei disputato la gara individuale – ero nella top 10 mondiale – ma non quella a squadre. Per la rabbia quasi non sarei voluto partire per l'Inghilterra: nella mia pancia frullava l'ipotesi di smettere. Dall'aeroporto di Fiumicino, prima di imbarcarmi, chiamai papà per sfogarmi. Anche quella volta fu lui a dirmi la cosa giusta: «Stringi i denti. Arriva sino al Mondiale di Catania a cui tieni tanto. Poi deciderai il tuo futuro».

Troppo nervosismo che si rifletteva in pedana: a Sheffield fui eliminato subito e scappai via in vacanza. Nel rifugio greco di Marathias mi raggiunse Daniela, ma eravamo distaccati. Qualcosa era cambiato. Già da tempo ci chiedevamo se fosse il caso di andare avanti nel rapporto. Lei era diversa, non aveva voglia di stare insieme. Una distanza che faceva paura a un passionale come me. Ero tesissimo e concentrato: il Mondiale di Catania si avvicinava. Pensavo fosse solo una crisi passeggera. Anche perché alle spalle avevamo sette anni di rapporto solido. Quella solidità che mi aveva permesso di essere sempre fedele, anche se le occasioni non erano mancate.

Poi accadde quello che non mi sarei mai aspettato. Mi trovavo a Formia in ritiro premondiale, mentre sapevo che Daniela era a Modena per un camp di scherma. Una compagna di Nazionale arrivò in ritardo, dicendomi: «Stamattina ho salutato la tua donna, l'ho vista a Roma».

Come a Roma? Mi si gelò il sangue: il mondo mi crollò addosso. La chiamai col cuore in gola: «Tutto a posto a Modena?» Lei: «Sì, stiamo lavorando...» La incalzai: «E com'è che stamattina eri a Roma?» Silenzio. Cadde la linea, cadde tutto. Stavo male, malissimo. Ma avevo il Mondiale alle porte e dovevo cercare di concentrarmi. Gli altri atleti, quasi increduli, erano vicini. Non mi capacitavo, con Daniela eravamo cresciuti insieme, partiti da ragazzi poi diventati uomo e donna, condividendo tutto. Mi sentii tradito come persona, al di là dell'episodio. Provammo a risentirci al telefono, ma ero sempre io a chiamare: lei glaciale, lontana, un muro ci separava. Daniela era quasi sollevata. Questo mi fece sentire ancora peggio e ringrazio la scherma: senza sarebbe stato durissimo attraversare quel periodo.

Intanto finiva il ritiro e dovevo ripassare due giorni da casa a Roma. Dissi a Daniela di non farsi trovare, meglio così. Improvvisamente quello che era un nido, un rifugio, si tramutò in gelide mura. Presi le mie cose e scappai via, non potevo restare in quella casa prigioniero dei ricordi. Per almeno un anno non riconobbi più la mia tana.

Il Mondiale incombeva, arrivai a Catania, in forma fisicamente ma a pezzi nell'animo.

Com'è andata nella mia città ve l'ho già raccontato: quel 12 ottobre 2011 fu la mia giornata perfetta. Da lì cambiò la mia vita. E no, non ho aperto una focacceria.

8

Marathias e il mio mondo sommerso

Ho una passione per i tatuaggi che nasce da papà. Lui sulla spalla destra ha il disegno di uno scorpione. No, non è tanto un discorso di astrologia, anche se in effetti papà è di quel segno zodiacale, quanto piuttosto di astronomia unito al fascino per la mitologia greca. Non una moda, ma il desiderio di fissare sul corpo un simbolo importante, che ti identifichi nella vita, non solo in un momento.

Per questo, dopo averci a lungo riflettuto, nel 2009 feci il mio primo passo, spinto da Matteo Tagliariol – un cultore in materia – che a Milano mi portò da un tatuatore di sua fiducia. E così sulla spalla destra mi tatuai *Aetna*, scritto in latino. Perché l'Etna è la madre di noi siciliani. Senza non saremmo così. È il riferimento per noi catanesi che ogni giorno lo scrutiamo: per questioni meteorologiche ma soprattutto per ammirarne la bellezza, la potenza. Quando vai in giro in macchina segui sempre con la coda dell'occhio il vulcano in tutta la sua imponenza. Sin da piccoli siamo stati abituati in famiglia a scoprire la montagna nelle sue mille sfaccettature, rispettando le leggi della natura. Marina ama dire «camminiamo sulle orme di papà. Che sia neve o cenere lavica». Una bellissima metafora di vita, perché con mia sorella abbiamo seguito il cammino educativo solcato dai genitori, che ci hanno accompagnato nella crescita. Anche per questo mi riconosco in Franco Battiato quando canta, nel brano *L'animale*: «Dentro me segni di fuoco, è l'acqua che li spegne. Se vuoi farli bruciare tu lasciali nell'aria oppure sulla terra».

Etna sempre da scoprire. Montagna come rifugio: cercando pace e fermandoti a riflettere in quelle aspre alture, ascoltando la musica del vento. Etna che ti sorprende sempre, come quella escursione al Monte De Fiore. Doveva essere una passeggiata di un paio d'ore senza troppe pretese, quando improvvisamente la montagna esplose in un'attività parossistica, violentissima. Durò quasi un'ora e fu uno spettacolo incredibile, quasi riservato alla nostra famiglia. In questi casi ti rendi conto della potenza enorme della natura, della sua cruda bellezza.

L'immensità desertica della Valle del Bove è un altro dei nostri luoghi preferiti. Nei periodi più neri della carriera sportiva venivo qui con papà: lasciando parlare i nostri silenzi.

Forse non è un caso, ma il segno del destino. L'Etna era in eruzione quando nacqui nell'aprile del 1983 e lo era anche quando vinsi il Mondiale a Catania, nel 2011. Per la precisione, un paio di giorni prima della gara iridata cominciò l'attività pirotecnica del vulcano. Alcuni miei compagni di Nazionale, tra i quali la mia amica Bianca Del Carretto, erano anche un po' preoccupati per le possibili conseguenze. Li tranquillizzai portandoli sulla Mareneve, una bellissima strada panoramica che dalle spiagge a est si inerpica fino a quasi la sommità del vulcano, in un cambio continuo di panorami e vegetazione da restare senza respiro.

Su queste vette mi rifugiai anche dopo il clamoroso successo che mi portò sul podio più alto al mondo. Erano passati quattro giorni e sentivo il bisogno di isolarmi dal clamore mediatico. Da Piano del Vescovo a Serra del Salifizio, sul cammino ammiravo le sculture laviche plasmate dalle ultime colate, e in quelle pietre trovavo le sembianze più disparate. Mi specchiavo nell'animo e ascoltavo le ponderate parole di papà: «Ricordati che sei sempre un uomo. E quando cadrai dovrai essere in grado di rialzarti».

Nel 2013 il secondo tatuaggio, sul bicipite destro: *Melior de cinere surgo*. È il motto di Catania, scolpito sulla Porta Ferdinandea costruita nel 1700, quando, dopo il terribile terremoto del 1693 che aveva distrutto tutto,

Catania rinacque barocca e bellissima. Mi piace questo concetto perché identifica noi catanesi, nel carattere. E mi ci ritrovo. Non qualcosa di miracoloso o mitologico, come l'araba fenice, ma la capacità di rialzare la testa, di lottare per superare le difficoltà. La mia vita è stata sempre così e questa frase mi rappresenta.

Dunque per me i tatuaggi sono una filosofia esistenziale, e il terzo prosegue questo filo logico. Sul petto ho impressa la scritta MARATHIAS in caratteri greci, con Λ (il segno di lambda, la L greca) che sta per Laconia, la regione di questo posto meraviglioso.

Marathias per me è qualcosa di unico, il piccolo grande rifugio che sogno ogni giorno. Quell'angolo di Grecia rappresenta la libertà: perché posso stare solo con me stesso. Godere di una natura straordinaria. Lì sono capace di rimanere anche sei-sette ore in acqua senza sentire niente e nessuno se non i suoni del mondo sottomarino. È una continua scoperta di un universo meraviglioso e di incontri strabilianti. Più volte ho nuotato con tartarughe marine. Durante una posta dietro uno scoglio mi ritrovai occhi negli occhi con una foca – evento rarissimo nel Mediterraneo –, un incontro che durò pochi secondi perché lei poi scappò via come un razzo, impaurita. Ma quell'emozione rimane per certi versi irripetibile. La prima volta, da piccolo, che vidi i delfini saltare attorno al gommone col quale eravamo in gita, quasi ebbi paura tanto li vedevo grandi.

La vita a Marathias scorre semplice, solo apparentemente monotona. Non è la classica località turistica, anche perché difficile da raggiungere. Questo angolo bellissimo di Laconia lo scoprirono i miei, quando ancora erano fidanzati. Partirono con zaini e tenda papà, mamma, zio Giovanni e zia Patrizia. Si innamorarono di questi posti e ci tornavano ogni estate. Poi una volta una piccola tromba d'aria spazzò via le tende e furono costretti a chiedere rifugio in una casa lì vicino. Da allora i proprietari ci affittano sempre quella modesta dimora che per me è una reggia. La prima volta che mamma e papà mi ci portarono non avevo nemmeno cinque mesi e lì fui svezzato: da allora non c'è estate per la famiglia Pizzo senza Grecia. Unica eccezione quella del '97, quando la mia malattia ci bloccò.

I miei hanno sempre educato me e Marina alla conoscenza e al rispetto della natura. Dalle passeggiate infinite a perdifiato sull'Etna alle giornate a Marathias, che ritengo la seconda patria. Di giorno papà ci insegnava ad ammirare e apprezzare cosa ci offre il mare. Di notte invece ci raccontava cosa rappresentasse quella terra nella nostra storia e cultura. La Magna Grecia con la sua mitologia. Ci sono una serie di gesti, quasi rituali, per me indimenticabili e dal valore inestimabile, con i quali siamo cresciuti. Io e

Marina tornando dal mare al tramonto avevamo imparato da papà una canzoncina con la quale ringraziare ogni elemento della natura per quella bella giornata. Una sorta di cantico delle creature che ci ha insegnato a conoscere ogni piccola cosa che ci circonda, per rispettarla. Dal girino allo scoglio; dal granchio all'alga.

All'imbrunire, dopo cena, un altro momento bellissimo: papà ci insegnava a riconoscere le stelle e tutte le costellazioni dello zodiaco. Ogni sera un racconto affascinante proprio sulla mitologia greca. Quello scorpione tatuato sulla spalla di papà, ora potevo ammirarlo lassù: una delle costellazioni più belle con Antares, la sua gigante rossa, al centro, ben visibile in quel cielo armoniosamente stellato.

Tanti amici mi chiedono perché vada da oltre trent'anni al mare nello stesso posto. Non riescono a capire cosa significhi essere legati visceralmente a un luogo. A loro rispondo con queste parole cantate da Carmen Consoli: «Non hai mai sentito dire che la bellezza delle cose ama nascondersi».

E pensare che da piccolo a me non piaceva mettere la testa sott'acqua. Ma la prima volta che papà mi convinse a infilare la maschera da sub, fu come vedere un film bellissimo. Per dirla alla Jacques Cousteau: «Dopo l'istante magico in cui i miei occhi si sono aperti nel mare, non mi è stato più possibile vedere, pensare, vivere come prima».

Per me è stato così: ho cominciato a respirare appena sono andato in apnea. Mettere la testa sott'acqua mi dà un senso di libertà, di spazio infinito difficile da spiegare per chi non abbia mai provato questa sensazione.

Papà è stato il mio Piero Angela, mi ha insegnato a conoscere tutta la natura che popola il mare. Crescendo cominciai a sperimentare i miei metodi per attirare i pesci. E così mi ingegnavo a catturarli quando di notte risalivano a riva, nella scogliera sottostante la nostra casa. Inventavo delle tecniche tutte mie e una volta riuscii a prendere uno scorfano di oltre un chilo. Avrò avuto sette-otto anni e quasi faticavo a riportarlo su per farlo vedere agli altri nella bacinella che utilizzavo. C'era chi avrebbe voluto cucinarlo, ma io impaurito e rispettoso rimisi in acqua lo scorfano, che riprese la sua vita.

Del resto le regole mi erano già chiare da ragazzino, come non lasciare mai una carta per terra, oppure dopo un falò spegnere per bene il fuoco. Si prende il pesce di taglia, non il pescetto. E si pesca quello che si vuole mangiare, mai in eccesso. Niente uso delle bombole. La sfida deve essere sportiva: nove su dieci scappano perché sono nel loro ambiente e tu devi rispettarlo. Questo mi porta ad apprezzare anche il rientro dopo ore in acqua senza aver pescato nulla: felice di essere stato immerso in una natura ancora incontaminata.

Crescendo ho affinato la mia indole di cacciatore subacqueo, e quando mio padre mi mise in mano il fucile cominciai a elaborare tattiche di pesca tutte mie. Ormai da anni uso i pesi, proprio per poter restare poco al di sotto della linea di galleggiamento, circa una decina di chili, poi muta e pinne per poter nuotare veloce nei tratti di spiaggia e andare sulla scogliera successiva. Senza presunzione conosco decine di chilometri di quella costa, scoglio per scoglio. Apprezzandone ogni angolo.

La mia giornata tipo in vacanza prevede sveglia alle quattro e mezza, alle sei sono in acqua e ci resto tranquillamente fino all'una. Scandaglio ogni angolo di scogliera come un predatore e nuoto per chilometri. Dopo qualche esperienza di apnea in profondità, anche a venticinque metri, ho lasciato perdere. Un po' perché è pericoloso, ma soprattutto perché a riva si vedono molti più pesci. E allora ho elaborato le tecniche «da agguato».

Cerco di rimanere più fermo possibile dove l'acqua è più bassa, aspettando le prede. Prendo anche tantissime botte perché le onde a volte mi sbattono sugli scogli. Ogni anno rovino una muta e sono innumerevoli le cicatrici sulle mie gambe. Però fra le sei e le nove del mattino vedo una miriade di pesci, anche grossi, che vengono a riva proprio per cacciare pesci più piccoli. Cefali, saraghi, spigole: ho preso di tutto affinando questa tecnica.

Vedo anche tante murene e polpi, ma non li pesco perché sono fermi: sarebbe troppo facile. Anche perché da ragazzo, l'unica volta che presi con un fuciletto un polpo enorme, non sapevo come ammazzarlo. Lo trafissi con la fiocina e lui si avvinghiò in una lunga agonia che io non riuscivo a interrompere. Avrei dovuto girargli la testa ma non avevo esperienza e continuavo ad accoltellarlo. Mi rimase un ricordo bruttissimo perché ero a due ore di pinne dalla spiaggia e non riuscivo a porre fine alla sofferenza di quell'animale.

In definitiva, nelle vacanze in Grecia mi alleno molto di più che negli altri periodi dell'anno. Perché al lavoro fisico a terra – corsa sulla sabbia alternata a esercizi per la forza eseguiti su campetti di basket abbandonati, poco distanti dalla spiaggia – unisco quelle ore e ore da sub, che alla fine della giornata mi portano a crollare in un sonno eccellente.

Marathias è anche gioia di stare insieme, con amici storici, come Carmelo Pittera, ex ct della Nazionale di pallavolo. Qui organizziamo grandi tavolate per le grigliate di pesce. E non solo. I miei ancora ricordano che a cinque anni, un giorno, al ristorante, mangiai un'intera testa di agnello. Perché non ho mai disdegnato il cibo in tutte le sue varietà.

Qui, nell'estate del 2014, portai Lavinia Bonessio, una pentatleta azzurra di livello internazionale, conosciuta dopo l'Olimpiade: con lei è nato un feeling trasformatosi nel tempo in un legame forte. Per come sono fatto io, la vacanza insieme in quella terra è stata una delle svolte del nostro rapporto. Visitammo Olimpia, nel Peloponneso, col tempio di Zeus e lo stadio dove oltre 2.700 anni fa si svolsero i primi Giochi Olimpici, quelli che entrambi inseguiamo nei nostri sogni di atleti.

Andammo in gita, in barca, attorno all'isola di Kythira, dove nei pressi dello scoglio di Diakofti giace ancora il relitto del *Nordland*, un cargo russo incagliatosi qui tanti anni fa. La prua ancora emerge dall'acqua e lì salimmo per godere del panorama dal punto più alto. Ma fu quando ci immergemmo con le maschere da sub che idealmente Lavinia entrò nel mio mondo, cominciò a capirlo e ad apprezzarlo. Se pensate, poi, che per la mitologia greca nell'isola di Kythira (Citera per noi) è nata Afrodite, dea dell'amore, capirete perché in quei giorni maturai la decisione di chiederle di sposarmi, dichiarazione realizzata poi in maniera originale a Ravenna qualche mese dopo, come vi racconterò.

Un ultimo flash dal mio paradiso di Marathias. Pochi anni fa, su un'isola non lontana raggiunta con la barca,

Sopra, io e Marina da piccoli abbracciati e protetti da nonno Paolo. *A sinistra*, con papà apro i regali di Natale. *Di fianco*, io, a destra, con Marina e mio cugino Alessandro: sempre a giocare insieme nella casa di Pedara. *(Foto dell'autore)*

Sopra, sul podio più alto, alla mia sinistra Matteo Tagliariol, alla mia destra il mio amico Peppe Di Martino: quante sfide con loro sin da ragazzini! *Di fianco*, sull'altalena in giardino a Pedara, mi consolo con un gelato dopo l'intervento: Ares e Tusk sono le mie guardie del corpo. *(Foto dell'autore)*

A sinistra, Marathias, in Grecia, mentre sto per immergermi nel mio mondo sottomarino. *A destra*, subito dopo il liceo, eccomi già con la divisa dell'Aeronautica Militare.

Sopra, il Maestro Oleg, mentre mi dà uno dei suoi preziosi consigli durante una gara. *Sotto*, la mia giornata perfetta, 12 ottobre 2011: ho appena vinto il Mondiale a Catania e lo staff tecnico azzurro mi lancia in aria.

Mordo la medaglia d'oro mondiale del 2011: sul metallo sono rimasti i segni dei miei denti.

Con Marina, mamma e papà: sempre insieme nei momenti più importanti.

Sopra, un attacco contro il francese Lucenay nella semifinale degli Europei di Strasburgo, giugno 2014: uno dei miei match più belli. *A destra*, felice con Marina a Strasburgo, dopo aver vinto l'argento agli Europei 2014.

Sopra, eccomi in ginocchio davanti alla mia amata Lavinia per chiederle la mano: sulla pedana di Ravenna, il 12 ottobre 2014. *Sotto*, poco meno di un anno dopo, il 6 settembre del 2015, eccoci sposi a scambiarci le fedi sulla spiaggia di Gaeta.

Sul podio olimpico di Rio, nell'agosto 2016, medaglia d'argento a squadre con i compagni e amici Marco Fichera, Enrico Garozzo e Andrea Santarelli.

A Lipsia, il 22 luglio 2017, ancora campione del mondo con l'oro al collo. Eccezionale!

Sopra, nonna Lilyana orgogliosa con le mie medaglie insieme a papà e alle zie pallavoliste Tiziana e Donatella. Infine, *sotto*, ecco i miei gioielli: Elena, fra mamma e papà, e Nicole. *(Foto dell'autore)*

io e mio padre trovammo un gabbiano con dei problemi: avrebbe voluto scappare dopo averci visto, ma saltellava e non riusciva a prendere il volo. Avvicinandoci ci rendemmo conto che aveva beccato un conzo e per cercare di districarsi era rimasto incastrato dentro con becco, ali e zampe. Il conzo è una trappola per pesci composta da tanti ami, non semplice da sbrogliare in casi come questo. Lo inseguimmo per tirargli addosso un asciugamano, come si fa con gli animali impauriti per evitare che vedano. Papà si mise con pazienza, per una mezz'ora buona, a togliere tutti questi ami dal corpo del pennuto. Il momento in cui il gabbiano, quasi incredulo, saltellò e poi riprese il volo mi regalò un'emozione fortissima. In quella sensazione c'era tutto: il rapporto con la famiglia, intenso e indistruttibile; come quello che mi lega a Marathias e all'Etna.

9

Quella favola a cinque cerchi

Della mia vita in pedana, l'autunno del 2011 rimane il periodo più bello, e speravo che ce ne sarebbero stati altri. Il titolo mondiale vinto a Catania, la Coppa del Mondo conquistata proprio coi punti guadagnati all'ultimo assalto in finale. Ora arrivava il suggello al Masters di Parigi, che è il top della stagione, come accade nel tennis. Un sogno che ritenevo irraggiungibile: gli otto migliori spadisti al mondo che in una giornata si affrontano per il prestigio. Avevo invidiato sportivamente Matteo Tagliariol, che vi aveva partecipato dopo l'Olimpiade vinta a Pechino.

Un evento spettacolare, anche perché ai partecipanti veniva posta una telecamera sulla maschera: affascinanti le immagini. Ero lì con i migliori: il campione europeo Fiedler, cui avevo soffiato la Coppa del Mondo, e lo stesso Tagliariol, campione olimpico di Pechino. Un'altra giornata magica, perché il prestigio del Masters è tale che nessuno ammette di poter perdere. Il tabellone metteva me e Matteo teste di serie numero 1 e 2 ed entrambi rispettammo il pronostico. Nonostante dopo il Mondiale, fra festeggiamenti e una piccola vacanza, mi fossi allenato poco, stavo bene e continuavo a tirare sciolto: battei il francese Gauthier Grumier nei quarti, poi lo svizzero Kauter – ancora lui – in semifinale, e in finale ecco Tagliariol.

Fu il trionfo della spada italiana. A Parigi si vantano di essere la culla della scherma e in effetti il linguaggio tecnico è tutto in francese. Ora, davanti a quel pubblico competente si disputavano il prestigioso riconoscimento due italiani. La sfida fu elettrizzante, esaltante la partecipazione dagli spalti dell'impianto di Levallois: stoccata dopo stoccata vinsi 15-12. Un altro trionfo. Un altro segnale forte che davo a tutto l'ambiente: si entrava nella stagione olimpica e ci arrivavo da campione del mondo e dopo la Coppa vincevo anche il Masters.

Poi il via a una notte fantastica. Durante i festeggiamenti conobbi Pietro, un italiano che aveva fatto fortuna a Parigi con una catena di ristoranti: invitò me e Matteo a cena in un posto dalla vista favolosa, tra la Senna e la Tour Eiffel. Poi insieme andammo in un locale affascinante, realizzato in una grotta: suonavano dal vivo musica gipsy, si ballava. Il Barolo di Pietro era buono: eravamo un po' brilli e saltammo anche noi sui tavoli a ballare, fino a sfiancarci. Parigi ancora una volta riservava sorprese a ogni angolo: una città che continua a esercitare un fascino eccezionale ai miei occhi, e non solo per le tante soddisfazioni sportive che mi ha regalato.

Sono sincero, io e Tagliariol non abbiamo un gran rapporto: siamo molto diversi, spesso siamo entrati in conflitto, sin da ragazzini siamo stati rivali. Io rispetto il campione olimpico indiscusso, il talento fuori dal comune nella spada: per fortuna non sempre accompagnato dall'autostima, altrimenti avrebbe vinto tutto a mani basse. Ma per una sera, quella di Parigi, condividemmo gioie e divertimenti come fossimo veri amici. Indimenticabile.

Le emozioni non finivano, perché nella successiva settimana volai a Filadelfia per la consegna della Coppa del Mondo. C'erano anche Elisa Di Francisca, Andrea Cassarà – vincitori dello stesso trofeo nel fioretto – e Marco Fichera, che aveva conquistato il titolo nell'Under 20 di spada. Appena si spensero i riflettori della premiazione, mi immersi nei miei pensieri, dove riecheggiavano le note del Boss e della sua *Streets of Philadelphia*.

On the streets of Philadelphia
I walked the avenue 'till my legs felt like stone.

Sulle strade di Filadelfia
Ho camminato finché le mie gambe sono diventate come pietra.

Proprio così, passeggiando da solo, riavvolgevo nella mente il film fantastico che stavo vivendo. Foglie cadenti accarezzavano il mio volto su quei viali pieni di luce che mi portarono sulla scalinata del Museo delle Arti. Qui girarono la famosa scena di *Rocky* in cui Sylvester Stallone si allena salendo le scale. C'è pure una statua che lo ricorda, che una processione di turisti fotografa. Io quegli scalini li salii tutti e sessantotto, lentamente: metafora della mia vita. Ma non mi sentivo Rocky, solo un uomo felice e fortunato. Una sensazione stupenda che mi avrebbe accompagnato ancora per un po'.

Da Filadelfia a Catania per il Natale e la festa di fine anno. Sul lungomare, al mattino, correvo respirando iodio a pieni polmoni e godendo la vista dei Faraglioni – secondo la leggenda i massi lanciati dal ciclope Polifemo, accecato, verso Ulisse in fuga con le sue navi – e dell'Etna. Nel mio lettore musicale una new entry.

La mia sorellina aveva scritto un brano tutto per me, dopo il mondiale. *Victorius.*

You know you're strong enough
To make the world yours
Shout it to the sky and let it shine.

Sai che sei abbastanza forte
Da fare tuo il mondo
Urlalo al cielo e fallo splendere.

Iniziava sotto i migliori auspici il 2012, anno olimpico. Ma quando il 2 gennaio ripresi gli allenamenti sentii un dolore alla mano destra. Purtroppo si ripropose anche nei giorni successivi. Preparavo la prima gara in Italia quasi senza tirare: c'era qualcosa che non funzionava nei tendini. Ormai ero qualificato per Londra, ma partecipavo comunque ai vari tornei. Ogni volta che stringevo l'impugnatura sentivo molto male. Troppo male. Decisi di operarmi. Prima, però, eccomi di nuovo in pedana a Parigi. Il dolore era forte e mi sottoposi a una infiltrazione la mattina della gara: una puntura sul palmo. C'erano mamma e papà a vedermi e loro mi portano sempre bene: il dolore alla mano era quasi insopportabile ma arrivai terzo. Un ottimo risultato, bissato qualche settimana dopo a Tallinn: ormai per richiudere le dita della destra sull'impugnatura dovevo aiutarmi con la sinistra, perché le articolazioni non rispondevano più.

Mi operai a Savona, a inizio primavera con l'Olimpiade ad agosto. Mi aprirono la mano, ripulendo i tendini dalle scorie, dovute anche alle infiltrazioni: per migliorare la funzionalità e far scorrere bene il tendine. Si svolse tutto in day hospital e non avvertii il solito incubo del ricovero in clinica. Sarà perché stavolta non ero entrato in quel cavolo di tubo della risonanza magnetica, ma non tornarono i cattivi pensieri. La riabilitazione fu lenta, tornai in pedana a maggio: sovrappeso e fiacco. Quasi non mi riconoscevo più rispetto all'atleta che aveva chiuso il 2011 in maniera splendida entrando nell'anno delle Olimpiadi come meglio non avrebbe potuto. Nelle tappe successive migliorava la condizione, ma i risultati erano deludenti. La mano andava abbastanza bene, anche se avvertivo l'ispessimento del tendine: qualcosa sembrava non funzionare come prima, ma mi imponevo di non pensarci e di andare avanti. Così arrivai ai campionati italiani a fine maggio, a Bologna. Vinsi il mio primo titolo tricolore! Realizzai un altro sogno che avevo da bambino. Ci riuscivo solo a ventinove anni e mi rendevo conto di quanto fosse difficile. Dai vent'anni ci avevo provato ogni stagione, ma al massimo ero arrivato terzo. Stavolta vincevo in scioltezza. Qualche difficoltà solo in semifinale con Andrea Baroglio, mentre la sfida per il tricolore fu a senso unico: vinsi 15-8 con Martinelli. Sul podio ero quasi incredulo.

Meno di un mese dopo ecco gli Europei, in Italia. A Legnano si tirava senza aria condizionata e faceva un caldo pazzesco. Con la divisa addosso si soffriva tremendamente. Arrivai quinto, perdendo il match per la medaglia con un fortissimo russo: Pavel Sukhov, che vinse poi l'oro. Quel quinto posto però mi soddisfaceva: avevo tirato bene, sentivo che la condizione migliorava. Acquisivo sicurezza. Un bel segnale. Ci si preparava alla partenza per Londra e i risultati di Bologna e Legnano erano confortanti, nel ranking mondiale ero terzo.

Ora l'Olimpiade diventava ossessione, da piccolo la vivevo come una chimera. L'emozione stavolta mi bloccava, diventava paura. Quasi tremavano le gambe, al pensiero. Tra l'altro alla vigilia aumentarono le interviste: ero campione del mondo in carica e dunque fra i candidati a una medaglia. Un refrain che rischiava di togliermi concentrazione. Avrei voluto pensare a Londra, non distrarmi chiacchierando di sogni. E così un giorno con Enrico Garozzo inventammo uno scherzo, che non abbiamo mai rivelato prima d'ora. Attendevo sul telefonino la chiamata di una radio per un'intervista in diretta. Ormai attivavo il pilota automatico per le risposte standard. Per esorcizzare questa ridondanza che cominciava a non piacermi, proposi a Enrico: «Ti va di parlarci tu e spacciarti per Pizzo? Tanto le risposte le sai». Il complice annuì divertito: l'intervista durò quasi dieci minuti e

Garozzo si calò perfettamente nel ruolo, rispondendo con una serie inevitabile di luoghi comuni. Finita la telefonata ci scompisciammo dalle risate. Cominciavo a capire gli sportivi più famosi che a volte sembrano scontrosi piuttosto che annoiati durante le interviste.

Un momento emozionante prima della partenza per Londra fu quando mi consegnarono il materiale per la vestizione. Armani aveva disegnato tute e abbigliamento di rappresentanza molto belli. Mi piaceva quella scritta dorata dentro il gilet con l'*Inno di Mameli*. Scartare quei capi, provarli, indossarli, mi fece intuire che c'eravamo: l'Olimpiade era davvero vicina.

Lo capii anche al ricevimento al Quirinale col Presidente Giorgio Napolitano, per la consegna del tricolore. Arrivammo al Colle su pullman scoperti che attraversavano il centro della capitale. La gente per strada ci incoraggiava, urlava: «Siete la faccia migliore dello sport», il calcio con tutti i suoi scandali aveva un po' stufato. La cosa mi sorprese, ma risultò anche stimolante. Entrati nel palazzo presidenziale mi affascinò la solennità. E quasi mi infastidiva la noia a volte ostentata di diversi atleti blasonati, che di Olimpiadi ne avevano vissute magari due o tre. I Giochi rimangono qualcosa di eccezionale, riuscire a ripeterli più volte può darti ancora più entusiasmo. Mai noia.

Si partì per Londra. All'arrivo presi un bus insieme

alla delegazione della Federazione Scherma. Osservavo il gruppo di schermidori: i più esperti erano sereni, io invece agitato come un ragazzino in gita a Mirabilandia. Tutto nuovo, tutto bello, tutto troppo grande. Londra era organizzata a meraviglia: c'erano corsie preferenziali per i bus che trasportavano gli atleti. Mi impressionò l'ingresso del villaggio olimpico, grandioso. Lì successe una cosa che non dimenticherò. Noi italiani ci sentivamo fighi con le nostre divise eleganti, ma incrociando un gruppo di senegalesi capii davvero cosa fosse lo spirito olimpico: appena superati i controlli si fermarono nel piazzale del villaggio e per la gioia improvvisarono una danza. Bella, vera, affascinante. Ora erano più eleganti loro, anche al confronto con le nostre tute griffate. La loro felicità era contagiosa e altri ragazzi provenienti da ogni angolo del mondo si unirono al ballo, quel ritmo fu trascinante. Concentrato sulla gara com'ero, mi sarei reso conto solo dopo della bellezza e della purezza di questi gesti.

Mentre mi avviavo verso la nostra palazzina, scoprii che fra i vicini c'era il Dream Team Usa di basket. Il top per me che sono appassionato di Nba. Incrociai James Harden degli Houston Rockets: conservo ancora la foto insieme con «il barba», uno dei miei idoli. Chiacchieravo con il play francese Tony Parker, altro fuoriclasse dell'Nba, incrociavo la Sharapova. Mi sentivo veramente nel paese dei balocchi. Con alcuni schermidori esordienti come me, giravamo in bici per l'enorme villaggio, a caccia di celebrità. Io che sono un grande appassionato di tutti gli sport ne riconoscevo parecchi, anche meno famosi. Come Ivo Karlović, il tennista più alto dell'Atp con i suoi due metri e undici. Un croato che sparava delle bombe incredibili al servizio. Avrei voluto fermarmi per parlare con ognuno di questi campioni. Giravamo per le palazzine scrutando le bandierine delle nazioni, che fuori da ogni finestra ti lasciavano intendere a quale parte del mappamondo ti avvicinavi.

La prima notte non riuscivo a dormire. Mi sentivo come Alice che, dopo aver letto il libro, riusciva a entrare nel Paese delle Meraviglie. Avevo quasi paura che chiudendo gli occhi tutto potesse svanire. Tenevo socchiusa la finestra accanto al letto: quasi per ricordarmi che ero al villaggio olimpico. Era lì, potevo toccarlo. Sentivo che, comunque fosse finita, l'Olimpiade sarebbe durata troppo poco. Volevo assaporare ogni attimo, godermelo.

Io e Giorgio Avola, il mio compagno di camera (lui vincerà la medaglia d'oro a squadre nel fioretto), andavamo spesso nella enorme sala giochi – vicino alla nostra palazzina – per distrarci un po' e incontrare altri campioni. Insieme al pass ci avevano dato un badge, per prelevare gratuitamente bibite dalle macchinette automatiche. Quasi ci ubriacavamo di Coca-Cola, prendendo sempre qualche bottiglia di troppo. Noi italiani sempre affascinati da tutto ciò che è gratis.

La mensa era qualcosa di incredibile. Pure difficile da spiegare. Grande quanto almeno cinque campi da calcio. Dentro potevi trovare ogni tipo di cibo a qualsiasi ora. C'era pure un McDonald's. In questo luogo enorme l'evento fu l'arrivo della regina Elisabetta in visita al villaggio. Per gli inglesi il personaggio aveva un grande fascino. Ma anche noi restammo colpiti e quando entrò nell'enorme salone eravamo tutti lì con gli smartphone sollevati per conservare uno scatto, un ricordo.

La cerimonia di apertura fu indimenticabile. Ci ritrovammo tutti in gruppo, la delegazione italiana. Non porto spesso la cravatta, ma quel giorno mi sentivo figo perché sapevo di vivere qualcosa di speciale, unico. Si andò a piedi dal villaggio allo stadio, un paio di chilometri di passeggiata. Era l'imbrunire e, mentre il sole tramontava, spiccava la luce di bellissime lanterne che illuminavano il nostro percorso, fra due ali di folla contenute dalle transenne. Un clima difficile da spiegare, una festa vera. Dietro quelle barriere ragazzi di ogni età chiedevano autografi a chiunque. Perché tu che stavi da questa parte – fossi un atleta di punta o l'ultimo del ranking – eri comunque un privilegiato perché partecipavi all'Olimpiade. In ordine alfabetico l'Italia era vicina alla Giamaica e assistevamo, quasi a bocca aperta, allo spettacolo di Bolt con i suoi connazionali. Usain a Londra era Mister Olimpiade, il più atteso, e non avrebbe deluso. Era l'uomo copertina e – consapevole del ruolo – era disponibile con tutti per foto e autografi. Che campione!

Il cammino verso lo stadio olimpico fu lento, volutamente. Mi gustavo profondamente quell'aria festosa e avvicinandomi all'impianto l'emozione saliva. Sentivo un rullo di tamburi, lento e ritmato, provenire dall'interno: come se l'arena attendesse i propri gladiatori. Ero sicuramente fra i più esaltati.

Certo, nelle altre nazioni in prima fila sfilavano gli atleti. Da noi invece davanti c'erano tutti i dirigenti: non era un bel vedere, al fianco della portabandiera Valentina Vezzali. Un malcostume tutto nostro. Ma non volevo rovinarmi la festa, vissuta con l'animo del ragazzino «imbucato». Dalla coda del gruppo osservavo avidamente tutto. Entrando nello stadio restai abbagliato dalle luci, per non parlare dei colori. Facevo fatica a vedere le persone sugli spalti. Sembrava di stare in un bosco per come era stata allestita la coreografia. Ci sistemammo nel nostro spazio dopo aver concluso la sfilata ed era curioso vedere le altre rappresentative che ci seguivano, e ammirare le loro divise: sgargianti quelle caraibiche, sobrie o quasi anonime le altre. L'arrivo in elicottero della regina con Daniel Craig nei panni di James Bond fu qualcosa di assolutamente spettacolare. L'accensione della fiamma mi mise i brividi, come anche vedere Muhammad Ali che portava la bandiera olimpica. E poi c'era Paul McCartney: con i Beatles una delle colonne sonore di famiglia. Per fissare bene nei nostri ricordi quei momenti era tutto un clic. Di sera tornavo in camera con una sensazione di malinconia e di nostalgia immediata. Quelle ore che aspetti per una vita e che poi, come le cose più belle, volano via in un attimo. Dalla finestra della stanza guardavo fuori inseguendo quelle sensazioni, mentre riecheggiavano le note di *Hey Jude*.

Hey Jude, don't make it bad
Take a sad song and make it better
Remember to let her into your heart
Then you can start to make it better.

Ehi Jude non peggiorare le cose
Prendi una canzone triste e rendila migliore
Lei deve entrare nel tuo cuore, ricordalo
Solo così potrai iniziare a migliorare.

La palestra per l'allenamento non era lontana dal villaggio. Lì mi allenavo con i nostri sparring partner, che non si erano qualificati e non potevano dormire al villaggio: Enrico Garozzo e Francesco Martinelli, il pisano contro il quale avevo vinto la finale degli Assoluti a Bologna in maggio. Ma nonostante quel successo non mi sentivo di essere in forma, di toccare bene con la mia spada. Loro erano molto positivi e propositivi. Sapevano dirmi poche parole nel momento giusto.

A un paio di giorni dalla gara avvertii la tensione e provai a rilassarmi, passeggiando in centro con Enrico. Andammo a vedere la ruota panoramica e ammirammo il Big Ben. Poco distante, Casa Italia. Ci passammo per curiosità: bellissima, quasi sfarzosa. Ma ora guardavo tutto con più distacco. Avvicinandomi alla gara si chiudevano gli occhi del bambino stupito nel Paese delle Meraviglie, mentre la mente si affollava delle tensioni dell'atleta giunto al culmine della carriera.

Prima della gara dormii male, avevo mal di stomaco e passai la notte in bagno. Non ero sereno e mi mandavano in paranoia i continui controlli dello staff della sicurezza, meticolosi, asfissianti. Come asfissiante fu la gara, con tempi che incalzavano a un ritmo infernale. Senza mai un momento di pausa, come invece capita nelle gare di Coppa del Mondo. Un frullatore: probabilmente adeguato alla grandezza dell'evento, ma difficile da gestire per un atleta alla prima esperienza. Al momento non avvertivo di essere il numero 3 del ranking mondiale, dunque uno dei favoriti dei trentadue spadisti in gara. Questo almeno fino a quando fui nel tunnel che portava all'interno della sala. Lì ci bloccarono per il cerimoniale e avvertii il vociare di oltre diecimila persone venute da ogni parte del mondo per vedere l'Olimpiade. Il momento era solenne, lo stomaco si chiudeva. Le gambe tremavano. Avvertivo il clima di gara. Entrai nella sala cercando di concentrarmi sull'incontro. Affrontavo un avversario di Hong Kong che non conoscevo, Leung Ka Ming, perché venuto fuori da un percorso asiatico di qualificazione. Dunque non avevo potuto preparare bene l'incontro, mentre lui mi conosceva e questo mi rendeva nervoso. Salii in pedana con la sensazione di tantissimi occhi addosso, ero bloccato. Sempre sotto di qualche stoccata, un match che non riuscivo mai a comandare. E col passare dei minuti la situazione diventava sempre più pericolosa. Lui tirò al massimo, io sentivo le gambe pesanti e la testa vuota. In gare così veloci rischi l'eliminazione in un attimo e la sensazione mi entrò nella mente. E non fu certo positiva. Nel minuto di sospensione diedi un occhio alle altre pedane e vedevo diversi campioni in difficoltà. Tirava una brutta aria, rischiavo di essere sgambettato subito. Arrivai al momento decisivo ancora sotto, fino al 12-14 per il cinese. Feci appello a ogni recondita risorsa. Non poteva finire prima di cominciare, la mia Olimpiade. Riuscii a mettere in sequenza tre stoccate spettacolari, anche molto rischiose. Una, prima e schiena, che effettuai con una parata, colpendo poi dietro l'avversario. Ringrazio il cielo, la famiglia e gli allenatori che mi hanno fatto diventare quello che sono: in pedana e nella vita. Un uomo che non si dà per vinto e cerca sempre con la forza di volontà di superare qualsiasi ostacolo.

Sospirai per il pericolo scampato e tornai, vivo, nella zona di riscaldamento. Ma c'era sempre poco tempo e rieccomi in pedana per gli ottavi con un avversario che non mi aspettavo. Avevo preparato il match con un polacco, invece mi ritrovai davanti il senegalese Alexandre Bouzaid, in realtà di scuola francese e dunque molto pericoloso. Approfittando del passaporto africano aveva trovato la scorciatoia per qualificarsi all'Olimpiade, visto che quel continente è meno competitivo nella nostra disciplina. L'avevo già incontrato in una kermesse a Napoli nella primavera precedente, battendolo quando avevo ancora problemi al tendine della mano destra. Quel precedente mi dava un po' di tranquillità. Stavolta comandai io l'incontro e lo chiusi senza grandi difficoltà, 15-11. Per fortuna: perché forse non avrei retto un altro assalto durissimo come quello precedente. Durante le gare il Maestro Oleg era lontano dalla pedana e nel trambusto non riuscivo a sentirlo vicino come in tante altre occasioni.

Mi ritrovavo dunque ai quarti, nell'assalto che valeva la medaglia. Avevo ottenuto il risultato minimo e finalmente potevo giocarmi la chance che sogni tutta la vita: batterti per salire sul podio olimpico. Di fronte c'era il venezuelano Rubén Limardo, un gran lottatore che avevo battuto sempre con grandi difficoltà. Comunque un assalto che, in partenza, potevo vincere. Anche questa volta fu un match durissimo, a fasi alterne. Non avevo il controllo, faticavo a capire l'andamento del match e andai sotto 6-9. Ma riuscii a trovare il furore agonistico e piazzai ben sei stoccate di fila, alzando parecchio il ritmo: avanti 12-9. A questo punto commisi l'errore più grande, quello che mi costò la medaglia olimpica e un rimpianto mai sopito. Avvertivo le gambe pesanti e non avevo percezioni positive dal mio fisico. Per questo cercai di rallentare: pensai di aspettarlo, magari per sfruttare un suo errore. Invece lui era in giornata e non sbagliò nulla: in un attimo fu 12 pari. Tre attacchi uno più bello dell'altro ai quali io non riuscii a reagire in tempo per trovare una risposta adeguata. A quel punto era lui che arretrava, invitandomi ad attaccare. Quello che volevo fare io, prima. Ma per lui tatticamente l'azione risultò efficace: mi colpì trovandomi troppo scoperto. La stoccata del 12-13 per il venezuelano fu come una sentenza per me.

Una medaglia olimpica avrebbe fatto di una buona carriera una carriera completa. Peccato, perché francesi e svizzeri erano stati eliminati e la gara si metteva bene, non c'erano avversari impossibili. Avevo avuto in tutta la gara la sensazione di essere pesante, bloccato. Pensavo che Limardo sbagliasse, invece in quella giornata finì per vincere la medaglia d'oro. La sua giornata perfetta.

I rimpianti rimanevano perché per come ci eravamo incrociati, l'assalto era da vincere. A quel punto tolsi la maschera e diedi la mano all'atleta che stava urlando da matto, perché vicino al podio con quell'ultima stoccata. Giustamente festeggiava, mentre io mi sentii perso. Finiva la mia Olimpiade. E finiva male. Invece di coronare la rimonta, in un attimo l'avevo rovinata. Sportivamente fu giusto uscire, per come era andato il match. Ma la sensazione di quel momento fu di schifo. Come se fossi stato avvelenato: stavo male. Spinsi in malo modo il responsabile stampa che mi ricordava i miei doveri postgara. Non volevo parlare. Forse gli appassionati avrebbero voluto sapere cosa era successo. Ma io volevo solo eclissarmi. Invece fui costretto alle dichiarazioni di rito. In quel momento capii i calciatori e certe loro risposte banali. Servono per creare un muro fra chi sta fuori e il tuo stato d'animo devastato. Per lunghe notti rimasi insonne a ripensare a quell'assalto, a come avrei potuto gestirlo diversamente. A un passo dal podio olimpico mi ero fermato e facevo fatica a farmene una ragione.

Andai in vacanza, nella mia Marathias, ma la testa rimase a Londra. Non mi importò più nulla di essere campione del mondo in carica: troppo forte quella delusione. Provai a ripetermi che lo sport non è tutto nella vita. Proprio la mia esperienza di adolescente me lo aveva insegnato. Ma il momento rimase scioccante.

Rialzarsi non fu facile. Forse la mia fortuna è quella di essere entrato tardi in Nazionale. Avessi vestito l'azzurro dall'Under 20 in avanti, probabilmente con quell'assalto di Londra, a ventinove anni, avrei chiuso. Non ho mai più voluto rivedere quel match in video.

A Londra c'erano mamma, papà e Marina, e dopo la gara passai mille controlli per salutarli e abbracciarli: leggevo la delusione nei loro volti. Da fuori era ancora più dura. Difficile trattenere le lacrime, ma ci riuscii. Dal vivo mi avevano visto ultimamente vincere il Mondiale e poi arrivare terzo a Parigi, nonostante i problemi al tendine e una mano quasi paralizzata. Logicamente dopo la rimonta, sul 12-9, avevano pensato di vedere il solito Paolo che viene fuori dalle difficoltà. Invece li avevo delusi. Anche se papà mi ripete che dalla mia espressione aveva già capito che non era la giornata giusta.

Non ero mai riuscito a godermi quella giornata. La fretta e l'ansia continua fecero sì che tutto volasse via in un attimo. L'Olimpiade era risultata per me un uragano travolgente, cui ero rimasto aggrappato fin quando avevo potuto.

Avevo fatto quasi il massimo. Il mio errore fu tattico, su quel maledetto 12-9. Dovevo continuare ad attaccare. Ma chissà, magari attaccando avrei rischiato troppo, subendo comunque una stoccata. Non si può mai dire.

Sicuramente da lì in poi quello che non ho più snaturato è la mia indole di attaccante. Almeno non avrò più rimpianti: se devo perdere lo farò sempre attaccando.

Fatico a raccontare il torneo olimpico. Perché è stato veloce come una discesa di bob: una curva parabolica dietro l'altra, sempre all'improvviso. Ora capisco quegli atleti più esperti, che mi sembravano quasi distaccati rispetto alle cerimonie olimpiche. Avevano ragione loro. Chi è latino come me, emotivo, è meglio che si estranei da questo marasma a cinque cerchi che ti fa sentire Superman, per concentrarsi sulla gara sin dal primo momento. Poi ognuno ha la sua maniera: vidi americani e giamaicani bighellonare al villaggio a lungo, e poi vincere medaglie d'oro. Ciascuno è fatto a proprio modo: ora saprei come comportarmi.

Prima di lasciare Londra, un episodio piacevole da ricordare. In aeroporto, in attesa del volo di rientro, a pranzo con la sciabolatrice Gioia Marzocca, ci ritrovammo con le tenniste Flavia Pennetta e Francesca Schiavone. Un pasto da sregolati, in tutta fretta: würstel, frittate, bacon. Uno sfogo alimentare dopo le diete ferree in preparazione olimpica. Per quel poco tempo che rimanemmo seduti ad aggredire quel pasto, avrei voluto dire qualcosa alla Schiavone, raccontarle che è il mio idolo, ma non ci riuscii. Restai inibito, temevo di infastidirla. Io che non lo sono mai stato, per una volta diventai timido. Pensai fosse banale, quasi ridicolo per lei sentirsi ripetere certe cose, come accade con tanti suoi tifosi. Per me è stata d'esempio tantissime volte.

Flavia era solare, simpatica e vi assicuro che di campionesse così aperte e disponibili non ce ne sono tante, neanche nella scherma. Francesca parlava meno e io la osservavo muto, con un'ammirazione immensa. Volevo capire come avesse fatto a esprimersi ad altissimi livelli senza avere il talento delle altre. Come avesse raggiunto con tenacia e costanza le vette mondiali. Ma rimasi imbambolato.

Per me è musica il gesto della Schiavone che mette in bocca la terra rossa del Roland Garros, assaporandola. Sento un'attrazione verso questa atleta per la sua grande forza di volontà. Non ho mai apprezzato – anzi quasi lo detesto – il talento in quanto tale, ma la grinta, la capacità di un atleta per lottare e raggiungere un grande risultato: quello sì. Ecco perché oltre a Francesca i miei idoli sono Alex Zanardi, Giusy Versace e Bebe Vio. Giusy la conosco e ogni volta che ho l'occasione di incontrarla rimango incantato e cerco di ricaricarmi con l'enorme energia che trasmette. La stimo tantissimo, le sono devoto. Sì, devoto: anche se può sembrare sbagliato, è il termine giusto. Lei con semplicità ti fa capire come siano stupidaggini le cose per le quali quotidianamente ci arrabbiamo. Conosco anche Bebe, per via della scherma, ed è un'altra fuoriclasse. Ama ripetere: «Con le mie quattro paia di gambe e le mie mani da RoboCop sto benissimo». Donne e uomini che riescono a spostare il mondo con la forza di volontà. Non esistono ostacoli insormontabili per le loro menti.

Mentre la mia, di mente, divagava, chiamarono il volo per l'Italia e al momento di pagare Francesca con un gesto secco disse: «Faccio io». Semplice e gentile, senza ostentare. Per lei eravamo degli sconosciuti, non era affatto dovuto. Ecco, ci imbarcavamo per il volo di ritorno in Italia e rimanevo ancora una volta travolto dalle emozioni: muto davanti a una frittata, quando avrei avuto tante cose da chiedere a Francesca. A distanza di tempo, ora ho capito che razza di frullatore è un'Olimpiade.

10

Dopo il buio la luce

Il ritorno da Londra fu durissimo. Pensare di smettere sarebbe stato troppo semplice. Non sarei stato io. In quella estate del 2012, ogni momento in cui restavo solo pensavo a quel match perso nei quarti, a quella medaglia olimpica sfumata per qualche stoccata. Istintivamente la mente riavvolgeva il nastro per tornare al momento in cui ero in vantaggio e subivo la rimonta dell'avversario.

Avrei dovuto essere in vacanza in Grecia, invece vivevo in una sorta di limbo. Mi sdraiavo al sole e rivedevo mille e mille volte ogni momento, vivisezionato, di quella sfida ai quarti con Limardo. Bellissimo il sogno olimpico, inseguirlo, ma poi arrivando a un soffio dal podio, diventava un incubo ricorrente. Stavo con la famiglia e gli amici, ma ero assente: la mia testa era rimasta a Londra, con tutti i sogni infranti nel frullatore olimpico.

A Bari, in partenza per la Grecia, mi ero regalato una mountain bike. Cercavo di distrarmi un po' andando su e giù sullo sterrato di quelle colline. Ma al ritorno dalle vacanze meno godute della mia vita mi ritrovai di nuovo con la mano gonfia. Si riproponeva il problema del tendine. Come se non bastasse, al down psicologico dopo la botta olimpica si aggiungevano anche problemi fisici. Si riapriva lo scenario di un intervento: dovevo sottopormi a una seconda operazione alla mano. Una ricaduta quando il problema sembrava risolto. Se pensavo di aver toccato il fondo a Londra, ora eccomi a raschiare.

Andai in crisi nera. Mi vennero dubbi sul primo intervento della precedente primavera. Ma probabilmente proprio in bici avevo sollecitato troppo un tendine che veniva da un periodo stressante. Il colpo di grazia. A novembre fui costretto a rioperarmi. Affrontando anche problemi logistici, visto che mi ero affidato all'équipe dell'Ospedale Israelitico di Roma, per restare vicino a casa. Alla vigilia dell'intervento però i medici mi dissero che per problemi tecnici non avrei potuto operarmi in quella struttura. Col senno di poi meglio così. Per cui, ancora più carico di nervi, tornai a Savona. Dove il nuovo intervento di ripulitura riuscì perfettamente.

A quel punto non avevo alcuna fretta di rientrare in pedana, così feci la riabilitazione con calma: non potevo rischiare ancora. Un'ulteriore recidiva sarebbe stata disastrosa. I dubbi aumentavano, perché se questa infiammazione si fosse riproposta, continuare l'attività a certi livelli sarebbe stato impossibile. Nel frattempo mi ero appesantito un po' e il rientro fu durissimo.

Perdevo. Perdevo spesso anche perché all'inizio di un nuovo quadriennio in vista di Rio tutti erano motivatissimi, mentre io ancora non mi ero ripreso dall'uragano olimpico.

Per tutto il 2013 mai una finale. Perché comunque avevo un nome e un certo curriculum: campione del mondo, quinto all'Olimpiade, trovavo avversari sempre caricatissimi. Una stagione disastrosa, compreso il Mondiale di Budapest dove uscii al primo turno.

Avevo smarrito quegli equilibri, quella scherma che fra il 2011 e il 2012 mi avevano portato fra i primi al mondo. Anche se non ne parlavo, le domande nella mia mente erano ricorrenti, ossessionanti: sono competitivo? Riuscirò ancora a esprimermi ai massimi livelli? Non sarebbe meglio ritirarsi?

Negli allenamenti con Oleg faticavo a concludere una lezione: il dolore alla mano si faceva sentire. Se prima tornavo felice dalla palestra perché sapevo di lavorare bene, adesso diventava un incubo. Da sempre la sera chiamo mamma e le racconto la mia giornata. Lo faccio da quando ero bambino: prima di persona, poi al telefono; un'abitudine che non ho mai perso. In quel periodo nero non sapevo cosa dire, le sensazioni erano negative. Non facevo altro che lamentarmi. Un anno e mezzo durissimo, di buio. E mamma passava dalla dolcezza fino al rimbrotto: per cercare di risollevare l'umore, per aiutarmi a ritrovare quella grinta che avevo sempre mostrato.

Nei raduni con la Nazionale Enrico capiva la mia condizione e cercava di sostenermi, in pedana e fuori. In uno sport che è individuale e individualista, i suoi comportamenti da vero amico rimangono per me un patrimonio enorme.

Le scorribande insieme mi regalavano qualche gioia. Come in Argentina, nel maggio 2013. Arrivati a Buenos Aires, per assorbire il fuso passeggiavamo per il Caminito, la parte turistica della Boca, il quartiere più popolare e verace. Eravamo a due passi dallo stadio del Boca Juniors e scoprimmo che quella sera si sarebbero giocati i quarti di finale della Copa Libertadores, contro i Newell's Old Boys di Rosario. Non potevamo perderci un'occasione del genere. Con Enrico e gli altri azzurri cercammo le dritte giuste per acquistare i biglietti, finendo per ritrovarci in uno sgabuzzino buio dove un bagarino guercio ci propose la vendita degli ambiti tagliandi. Eravamo convinti di aver acquistato dei posti nei distinti: non proprio i palchetti dove veniva ospitato Diego Armando Maradona, ma la tribuna di fronte. Non era così. Quando tornammo di sera in zona, le tinte forti e affascinanti del Caminito non si vedevano più, solo i lampeggianti delle auto della polizia con agenti in assetto di guerra e una tensione che tagliava l'aria. Entrando ci ritrovammo nel settore sopra la «Doce», la curva degli ultrà. Un'esperienza incredibile perché da lì percepivamo la spinta fisica che i tifosi davano alla propria squadra; non a caso quel luogo si chiama Doce, Dodici, cioè il dodicesimo in campo. Bisogna stare lì per capirlo, qualcosa che entra nelle viscere, un'adrenalina incredibile. Il tremore, quasi un terremoto, degli spalti mentre la gente canta è qualcosa che rimane dentro e riaffiora al ricordo: tifoso del Boca ci rimani a vita.

Nella successiva stagione dunque, a cavallo fra 2013 e 2014, ripartivo dal basso: dovevo ricostruirmi un ranking e guadagnarmi il posto in Nazionale. Sì, ero sempre nella squadra, ma dovevo dimostrare di essere competitivo: nessuno può avere il posto garantito per meriti passati. Continuavo a faticare come una bestia. Non avevo alti e bassi: solo bassi.

Un'istantanea di quel lunghissimo periodo nero è del febbraio 2014: Heidenheim, Germania, prova di Coppa del Mondo. Con un viaggio rocambolesco da Berlino arrivò Marina. Mia sorella è un talismano e la sua presenza mi mette di buon umore. Mi aggrappai a quelle sensazioni, ma niente: ancora sconfitte. Nette, disarmanti. Marina quasi non mi riconosceva. Non c'era più lo spirito vorace, quella forza leonina. Dietro la maschera lo sguardo di chi sa già di aver perso. Quel giorno Marina ebbe il timore di non poter più vedere in pedana quel suo cavaliere prediletto, sempre forte e fiero, che aveva ammirato con occhi stupefatti sin da bambina. Mi sorrideva e incoraggiava, salutandomi, ma sapevo di averla delusa.

In questo periodo avvenne però una piccola grande svolta, relativa alla dieta. Mi è sempre piaciuto mangiare. Educato a non rifiutare niente sin da piccolo, perché il cibo non si butta mai via. Per me sedersi a tavola è sempre festa: per la condivisione in famiglia, per la gioia di stare insieme. Nella preadolescenza puoi mangiare tanto, perché l'attività sportiva ti aiuta a bruciare. Crescendo però il metabolismo tende a rallentare e allora dovevo stare più attento. Con i ritmi di allenamenti che aumentavano, aumentava anche il cibo che sbranavo. Fino al 2011 ero piuttosto pesante come atleta. A quattro mesi dal Mondiale cominciai una dieta abbastanza rigida che mi portò all'appuntamento iridato bello tirato e in perfetto peso forma. Poi i festeggiamenti per il titolo e l'intervento alla mano che rallentò la preparazione fecero sì che all'Olimpiade arrivassi con un paio di chili in più. Il successivo periodo nero, col secondo intervento alla mano, non aiutò la forma fisica. Ma l'ingresso di Lavinia nella mia vita portò regole più ferree. Durante un viaggio alle Mauritius mi fece notare qualche rotolino, prendendomi in giro. E proprio in quell'inizio del 2014 decisi di dare una svolta all'alimentazione.

Dapprima a colazione mangiavo veramente tanto: latte, Nutella, biscotti, merendine. In ossequio a un vecchio quadretto appeso a casa dei nonni, con dei disegni che mi piacevano tanto. C'era scritto: *Colazione da re, Pranzo da principe* e *Cena da povero.*

Cambiai radicalmente la colazione. Niente latte: solo tè verde, che ha diverse proprietà salutari e regola il metabolismo. Poi fette biscottate integrali: con il miele, una grande scoperta per me, specie quello grezzo. Prima sulle fette spalmavo di tutto: Nutella, marmellate, burro.

A pranzo le proteine le prendevo tutte nel tonno «leggero» in scatoletta: compravo solo quello col trenta per cento di olio. Insieme a due pacchetti di cracker integrali, se riuscivo, abbinavo qualche verdura, meglio se cruda.

L'altra abitudine sballata era la cena: a volte mangiavo anche tre bistecche. Risultato: una digestione complicata e senso di pesantezza al mattino. Sono passato alla pasta integrale, condita con verdure e ortaggi. Altra variazione: prima mangiavo chili di frutta a merenda, ora preferivo le verdure.

Un cambiamento netto di abitudini alimentari. Ne guadagnava anche la mia scherma: ero più agile e soprattutto avvertivo minore stanchezza alla fine di giornate durissime di gara.

L'ultima tappa di Coppa del Mondo nella primavera del 2014 era in programma a Berna. Stavolta superai le qualificazioni, cosa che raramente mi era capitato nel periodo buio, e mi fermai alle porte delle finali, disputando una buona gara. Era ora!

Nel mio lettore musicale la colonna sonora scelta era Ligabue: «Una vita da mediano. Lì, sempre lì, lì nel mezzo finché ce n'hai».

Io ancora sentivo di averne, dentro. Non sono mai stato un fuoriclasse, ma uno che i risultati li ha sempre raggiunti con fatica e sudore. Cominciavano le buone sensazioni, e accompagnato da pensieri finalmente positivi arrivavo agli Assoluti di Acireale, con uno spirito risollevato. Del resto la Sicilia mi aveva sempre portato bene. Nel 2010 a Siracusa avevo vinto due argenti agli Assoluti, individuale e a squadre, poi nel 2011 il Mondiale a Catania. Diventava un dovere un'ottima prestazione davanti a tutti i miei cari, che non mi vedevano dal vivo da tanto tempo. Partii come un diesel, superando abbastanza agevolmente la fase a gironi. Anche se era un campionato italiano, con tanti spadisti di livello internazionale, nulla era semplice. Arrivai in semifinale contro

Enrico Garozzo: lui è nato proprio ad Acireale, dunque sfruttava anche il tifo di casa, ma lo superai nettamente, 15-7. Ci riuscii piuttosto velocemente, il che mi diede autostima, finalmente ero sciolto: mentalmente, prima che fisicamente. Mente e braccio per funzionare in simbiosi devono stare bene entrambi. Riconobbi l'onda giusta, quella che cercavo come un surfer sul punto di naufragare. L'avevo ritrovata e cavalcavo sicuro: in perfetto equilibrio fra forze fisiche e mentali. In finale affrontai Roberto Bertinetti e vinsi una delle gare più belle e stimolanti della mia carriera. Bella per il livello tecnico internazionale. Stimolante perché quel Pizzo vs Bertinetti è una sfida che dura da ben tre generazioni. Infatti i nostri nonni Paolo e Franco (due medaglie d'oro olimpiche!) si apprestarono, così come i nostri padri Piero e Marcello. Una storia davvero incredibile, a cavallo di due secoli. E non è finita, Roberto ha vissuto a Berlino e ha continuato ad allenarsi in pedana. Il suo Maestro? Mia sorella Marina!

Tornando alla finale di Acireale, ad assistere c'era Lavinia. Da poco ci eravamo rimessi insieme – vi racconto tra poco – e il bacio a fine gara venne immortalato in una foto che a riguardarla mi fa risentire tutte le emozioni di quella bellissima giornata. Ancora una volta il grazie va alla mia terra che mi fa rinascere: uno sguardo verso l'Etna, madre onnipotente. Anche in questo caso c'era sullo sfondo: vincevo il mio secondo titolo italiano al PalaVolcan. Lavinia e l'Etna, appena ritrovavo l'equilibrio negli affetti tornavo a vincere.

La partenza per gli Europei di Strasburgo non diventò un'altra Via Crucis come i precedenti appuntamenti internazionali. Lo spirito era cambiato, era tornata la fame di vittorie. Il mio ranking rimaneva deficitario, intorno al cinquantesimo posto, e dunque nel gruppo eliminatorio mi ritrovai contro il numero uno, il fortissimo estone Nikolai Novosjolov, campione uscente e per ben due volte iridato. La formula degli Europei è diversa da Mondiali e Olimpiadi. Qui il tabellone dei 64 viene formato attraverso gironi di qualificazione, ognuno da sette atleti, e dunque almeno un paio per gruppo non si qualificano ai trentaduesimi. Superai il campione uscente e vinsi tutti e sei gli incontri di un girone durissimo. E che non fosse un modo di dire lo dimostrò la clamorosa eliminazione proprio di Novosjolov. Sugli spalti era tornata Marina che urlava felice a ogni stoccata, trasmettendo sensazioni positive. Nei trentaduesimi trovai il portoghese Joaquim Videira, esperto (vanta podi mondiali), ma un po' in declino. Vinsi bene e avvertivo il tifo di Marina e degli altri compagni della Nazionale.

Ai sedicesimi arrivai libero nella mente, superando agevolmente l'israeliano Grigori Beskin, 15-5: sentivo di essermi pienamente ritrovato. I dubbi e le incertezze che per quasi due anni avevano affollato la mia mente erano stati definitivamente scacciati via. Stavo bene e non vedevo l'ora di tornare in pedana per misurarmi ai massimi livelli. Agli ottavi incontrai un ucraino molto ostico, Maksym Khvorost: incontro equilibrato, vinto 15-14 ma sempre in controllo. Perché quando la testa funziona bene, ansie e cattivi pensieri non trovano più spazio. Khvorost in russo è il nome anche di un dolce, simile alle nostre chiacchiere. Da golosone divorai quel dolce e mi ritrovai nei quarti, a un passo dalle medaglie, contro il russo Anton Avdeev. Lui era stato campione del mondo nel 2009, io due anni dopo. Un match molto equilibrato, dove fui frenato dal pensiero del podio. Respinsi quella sensazione, ma all'Olimpiade mi ero fermato proprio lì, ai quarti. Non potevo ripetere quel risultato, sarebbe stata una brutta botta ai miei desideri di rinascita. Perdere avrebbe fatto malissimo, quasi quasi meglio uscire nei trentadue. Avdeev prese il vantaggio di un paio di stoccate iniziali e lo mantenne. Io inseguivo e faticavo: ero sotto 11-13 quando ritrovai quella grinta e carattere che mi hanno sempre sostenuto. Ero appeso a un filo su un abisso. Poi il tuo avversario, o la vita, ti risparmia e ti senti così benedetto da tirare con abbandono. Piazzai delle bellissime stoccate vincendo 15-14. Avevo conquistato una medaglia! Corsi ad abbracciare Marina, piangemmo stretti stretti: ero rinato. Dietro la maschera, mia sorella aveva ritrovato quel cavaliere indomabile che sin da bambina l'aveva fatta sognare.

In semifinale arrivai sciolto. Avevo di fronte il francese Jean-Michel Lucenay, molto forte e che tirava in casa. Ma i suoi tempi schermistici risultavano congeniali ai miei. Andai subito avanti, attaccando con continuità: mi gasava il fatto di avere il pubblico contro. I suoi urli quando toccava non scalfivano le mie nuove certezze: vinsi 15-11 uno dei match più belli della carriera.

In finale trovai l'ungherese András Rédli. Sull'onda dell'entusiasmo partii molto bene. Ero avanti e continuavo ad attaccare – me l'ero imposto, dopo l'amarezza olimpica – e lui, molto forte in difesa, riuscì a riprendersi e a superarmi. Vinse 15-8 meritatamente, ma io nella giornata della rinascita mi sentivo campione di tutte le galassie.

Ecco, riguardando i momenti più belli della mia carriera, anziché alla giornata perfetta di Catania del 2011, penso a Strasburgo. Perché una cosa è affermarsi, ma molto più complicato è confermarsi, soprattutto dopo due interventi chirurgici alla mano. Il completamento di una carriera che mi ha visto sui podi di tutte le manifestazioni più importanti a livello internazionale.

Dormire non si poteva, dopo una giornata del genere. Alle cinque del mattino passeggiavo fra i bellissimi ponti coperti medievali, sul Reno. Era l'alba di una giornata favolosa: giravo per Strasburgo e finalmente respiravo, dopo due anni di apnea.

Ai Mondiali di Kazan' mi fermai agli ottavi, un buon risultato che mi avrebbe consentito di affrontare la successiva stagione nella top 16. E pensare che pochi mesi prima ero sceso alla centesima posizione. Ci ho messo oltre due anni per tornare sul podio internazionale. Ma soprattutto due anni per metabolizzare l'Olimpiade.

11

D’un tratto lei, Lavinia

Riavvolgendo il nastro, dopo la giornata perfetta del 12 ottobre del 2011, col titolo mondiale arrivarono i giorni della notorietà, mentre a casa le cose andavano meno bene. Io e Daniela eravamo separati, ma sotto lo stesso tetto. Dopo l'Olimpiade di Londra chiarii definitivamente e nell'autunno del 2012 andò via: restavo solo in quella casa, enorme per una persona. Diventò una lotta euro su euro, mattonella su mattonella per pagare il mutuo, per respingere Equitalia: i problemi che hanno un po' tutti gli italiani che non sguazzano nell'oro. Mi ritrovai di colpo con una casa invendibile. Invendibile perché restavo attaccatissimo. Invendibile perché, con la crisi economica che nel frattempo era scoppiata a livello mondiale, avrei perso parecchi soldi cedendola.

Dopo sette anni «in catene», nel senso di fedeltà assoluta nel rapporto con Daniela, ora mi lasciavo andare e cercavo di vivere esperienze diverse. Era un periodo in cui le donne non mancavano. Alcune erano di una bellezza inebriante. Modelle da far girare la testa. Tante belle esperienze, ma nulla che toccasse il cuore.

No, non dovrà più capitarmi come quella volta in volo di ritorno da Doha, Qatar. L'aereo lo avevamo preso di corsa nella notte, appena finite le gare e senza neanche una doccia. Io ed Enrico Garozzo scegliemmo una fila in fondo a quattro, centrale, per cercare di allungare le gambe e riposarci. La hostess della Qatar Airways si avvicinò gentile per chiedermi se volessi qualcosa da mangiare. Sorridendo sotto il cappuccio della felpa nel quale mi ero rifugiato, le risposi di no, anche perché prima di imbarcarci avevamo rinunciato alla doccia ma non al cibo, rimpinzandoci per bene. Poco dopo aver concluso il servizio pasti, la hostess tornò e mi chiese se stessi bene e avessi bisogno di qualcosa. Dissi di no e con Enrico ci capimmo con uno sguardo: ma questa che vuole?! Passò un altro quarto d'ora ed ecco il mio angelo in volo portare due cioccolatini che mi invitava con dolcezza a gustare. A questo punto si scatenò Enrico che in catanese, in maniera molto diretta e colorita, mi disse che non avrei potuto perdere un'occasione del genere. L'avventura con l'hostess in volo è un sogno erotico ricorrente di tanti uomini e io mi ritrovavo in una situazione imbarazzante, anche perché nonostante la felpa e un risciacquo veloce mi rendevo conto di... puzzare. Lei mi tempestava di sorrisi e attenzioni e, appena concluse il suo servizio, si sedette con una collega nel loro spazio, poco dietro la mia fila. Con colpetti di tosse cercava di attirare la mia attenzione e appena mi voltai la sua collega in maniera diretta mi disse: «*She loves you!*» Io accennai un sorriso diplomatico cercando di nascondermi sotto il cappuccio, ma ecco l'attacco frontale della hostess: «*Come with me to the toilet!*» La mia risposta fu mostrare la fede di fidanzamento che ci eravamo scambiati io e Daniela. Questo scatenò Enrico che, come l'Etna, cominciò a eruttare insulti incandescenti mettendo in dubbio la mia virilità con una serie di ardite e irripetibili metafore. All'arrivo, prima di scendere, diedi un innocente bacio sulla guancia alla dolce ragazza iraniana, che chissà cosa avrebbe rischiato in patria per atteggiamenti del genere. Appena sceso dalla scaletta venni riempito di insulti da tutti gli altri componenti della trasferta azzurra, prontamente informati da Enrico che proprio non riusciva a capire come avessi potuto farmi sfuggire una simile occasione. E, a ripensarci, visto com'è finita la storia con Daniela, anch'io mi chiedo come abbia potuto fare a rifiutare quella principessa.

Per Enrico rimane uno dei tormentoni preferiti. Evidentemente devo dare chissà quale impressione a chi non mi conosce, come quella volta in ritiro a Formia con una forte nazionale asiatica. Mi cercarono un paio di loro:

in un inglese claudicante provavano a spiegarsi a gesti, continuando a ripetermi: «*You sex, you sex*». Temevo strane proposte, ero imbarazzatissimo. Poi tirai un sospiro di sollievo, mi ritenevano un esperto latin lover: volevano solo che indicassi loro dove trovare donnine per qualche esperienza esotica.

Alla fine di quel 2012 facevo un po' come l'ape: succhiavo il nettare passando da un fiore all'altro, sfruttando anche la visibilità che arrivava dall'essere campione del mondo. E così andai alla trasmissione Rai *I fatti vostri* di Giancarlo Magalli. Notai fra le modelle schierate in prima fila una bionda molto bella. Avevo l'impressione che mi fissasse, e al tempo stesso pensavo non fosse possibile. Ero, per la prima e unica volta in tv, col Maestro Oleg, e questo mi gratificava molto. La partecipazione andò abbastanza bene ed ero soddisfatto. Sentii casa, perché i genitori sono le persone che meglio ci conoscono e papà mi disse: «Hai visto come ti guardava quella bionda?» Neanche lo feci parlare, perché non credevo che una modella potesse avere attenzioni per me. Intanto mi ero operato alla mano e un giorno aprendo Facebook trovai un messaggio privato. Quasi non ci credevo: era proprio la ragazza bionda in prima fila da Magalli. Mi scrisse che ci aveva pensato parecchio prima di contattarmi, perché era timida. Era rimasta molto colpita dalla mia storia. Approfittai per chiederle subito di uscire: era di origine polacca, stupenda.

Cenammo in un bel ristorante, dunque i primi baci. Poi andammo nella casa che lei divideva con altre colleghe. Oltre agli ambienti comuni aveva una stanza sua dove viveva col suo chihuahua. Appena arrivati la cagnolina le saltò addosso felice, cominciando a leccarla in viso. Non il massimo per quello che prefiguravo. Ma lei era bellissima e provai a non pensarci. Nella sua camera sentivo forte l'odore della bestiola: non proprio afrodisiaco. E Kyra, si chiamava così il quadrupede, restò lì con noi. Mah! Ero veramente attratto da questa ragazza e provammo a entrare in intimità, ma ecco Kyra: mi saltò sulle spalle cominciando a leccarmi le orecchie. Non proprio quello che uno immagina quando si parla di preliminari. Si ammosciò l'atmosfera e non solo quella. Lei pianse. Provai a tranquillizzarla, proponendo di portare Kyra fuori dalla stanza: annuì con un dolcissimo sorriso. Riprovammo, ma quella non mollava e abbaiava grattando la porta. Fu un disastro. Aveva deciso di entrare e lo fece: era gelosa della sua padrona. Inventai una scusa: «Ho dimenticato di avvertire l'antidoping che non dormivo a casa». Scappai via. Giurai che non avrei mai avuto un chihuahua.

In una delle mie puntate catanesi, una sera uscii con amici della scherma. Si scelse una *putia* di via Plebiscito, una trattoria che cucina carne di cavallo nel centro storico popolare della città. Clima cameratesco. Sapendo che ero libero sentimentalmente, gli amici mi chiesero se avessi sfruttato la visibilità portata dalla spada, con le donne. Così, mi feci trascinare in una sorta di gioco: accettare qualcuna delle tante amicizie richieste su Facebook e provare subito l'aggancio. Detto fatto, fra un bicchiere di vino e una polpetta di cavallo, chattai con una ragazza molto bella in foto: appuntamento subito dopo cena, anche se la mia pancia era piena e la digestione non semplice. Quando arrivai a Fiumefreddo, sul litorale fra Catania e Messina, mi resi subito conto che la foto del profilo social era di almeno quindici anni prima. Ormai eravamo in ballo: prima a Taormina a bere qualcosa, poi vicino al mare, in auto, e non solo per ammirare il panorama. Quando ci salutammo, io, con sincerità, la ringraziai per la serata spiegandole, però, che pensavo solo alla mia ex. La reazione della signora fu abbastanza brusca: scese dalla macchina caricandomi di insulti e sbattendo lo sportello. Restai per un attimo inebetito. Poi le mie amiche Irene e Roberta mi spiegarono che in questi casi è meglio non dire certe cose e magari dopo scrivere un messaggio di commiato.

Irene Ferro e Roberta Lombardo sono le migliori amiche dai tempi del liceo, al Boggio Lera. Sono le mie confidenti, le mie ombre: la fiducia nei loro confronti è incondizionata. Tutto nacque quando Irene mi fece intendere che la fidanzatina del liceo «svolazzava» un po' troppo. Avevo diciassette anni e quella fu la prima ragazza con cui feci l'amore (una volta, tra l'altro, papà ci sorprese in casa e mi cacciò fuori sotto la pioggia...). Fra noi si instaurò una profonda confidenza, che poi si sarebbe estesa anche a Roberta. Per queste ragazze mi butterei sotto un treno: conoscono tutto di me. Non c'è nulla che mi dia più senso di libertà di una serata con loro a passeggiare per i nostri luoghi preferiti a Catania. Uno sfizio dal paninaro alla stazione: felici con cose semplici.

Irene e Roberta mi fanno stare bene. E in quel periodo io le divertivo, raccontando le mie esperienze. Come quando, ospite in un bellissimo hotel della Riviera dei Ciclopi, decisi di ricontattare quella ragazza di Lentini che nella notte premondiale mi aveva dato serenità. La invitai nella mia camera, in pochi secondi mi spogliai mostrandomi come mamma mi ha fatto. Lei, elegante, impeccabile, mi guardò un attimo. Poi girò i tacchi e se ne andò senza dirmi una parola. Restai di sale, ma al tempo stesso la lezione arrivò forte e chiara: Paolo Pizzo chi ti credi di essere?! Pensi che perché hai vinto un Mondiale tutte debbano cadere ai tuoi piedi?

E giusto per prendermi un po' in giro, un'altra gaffe fu quella compiuta con una ragazza che invitai sulla nave-traghetto Catania-Napoli. Una proposta indecente. Io rientravo a Roma: le avrei pagato anche il viaggio di ritorno per passare la notte in cabina. Al rifiuto netto ci rimasi male, scoprii dopo che era omosessuale. Da lì però nacque una bella amicizia. Ora ci scherziamo sopra su quel mio approccio. So che per lei è complicato vivere alla luce del sole questa condizione a Catania, con la compagna. Ancora non siamo pronti e maturi nel nostro Paese: io cerco di starle vicino in un percorso per nulla semplice.

Restando alle mie esperienze «mordi e fuggi», passai un Capodanno al *Picciolo* – uno splendido golf-resort sospeso fra il mare e l'Etna – con una ragazza bellissima, incrociata come hostess in una premiazione. Ma fra noi non funzionò, l'attrazione non bastava: la scintilla si spense presto. Mi rendevo conto che questo tipo di vita non mi si addiceva. No, ripensandoci, non posso proprio definirmi un'ape capace di succhiare il nettare dai fiori e volare via. Cerco rapporti più profondi. E poi capisco un'altra cosa: vedo tanta bellezza esteriore, ma tutto rimane sulla superficie. Niente a che vedere con quello che avrei provato appena nella mia vita sarebbe entrata Lavinia.

Come ho già detto, ci eravamo conosciuti in ambienti sportivi e fra noi era scattata una certa simpatia. Anzi, qualcosa in più. Nel 2013 cominciava a diventare un pensiero ricorrente. Al primo appuntamento rimasi incantato. Tanto che a volte non seguivo i suoi discorsi, da quanto ero distratto dalla sua bellezza. Giorno dopo giorno mi lasciavo andare con lei, come non capitava da anni. Ora mi sentivo finalmente trasportato nel rapporto. Le dissi presto che la amavo, ma lei percepiva le mie insicurezze e frenò. Aveva ragione, ma non capii sul momento. Però provavo qualcosa di completamente diverso per lei. Le chiesi di venire a convivere, ma non si lasciò convincere. Per come sono fatto, decisi che non poteva andare avanti così. C'è un vecchio detto siciliano: le cose bisogna romperle per poi sistemarle. Una sera decisi di lasciarla: andai a prenderla a casa, ai Colli Anieni, per parlarle. Apparì bellissima, una dea. Durissimo rompere per la grande passione che provocava in me Lavinia, ma avevo deciso. Eravamo all'inizio del 2014. Andai a letto con tanti dubbi e la sensazione di aver sbagliato.

Avevo già compiuto trent'anni e cercavo un rapporto che mi desse sicurezza. Cominciai una nuova storia con Valeria, altra bellissima ragazza di Agrigento. Nella primavera del 2014 andavo su e giù tra Roma e la Sicilia. Un rapporto intenso anche se fugace. Una volta fu lei a prenotare un aereo per Roma, per venirmi a trovare. Ma nella settimana precedente Lavinia venne allo scoperto in un modo per me stupefacente. Tornando dalla Sicilia trovai un cartello sul cancello di casa: c'erano delle foto nostre insieme, con esplicite dichiarazioni di amore. In quel preciso momento sentii la voglia di tornare con lei. Finalmente era uscita dal suo guscio e diceva quelle cose che aspettavo di sentire da troppo tempo. Una dichiarazione d'amore fulminante, nella sua purezza quasi adolescenziale.

Nei giorni successivi trovai un mazzo di quaranta rose rosse con un biglietto. Quello stesso mazzo che oggi, essiccato, orna casa ed è un simbolo del nostro amore, insieme a quel cartello.

Sentivo che stava succedendo qualcosa di eccezionale, ma quasi per timore una sera non la feci entrare in casa. Lei era diventata sicura e rispose: «Allora domani ti vengo a prendere, e farai quello che dico». Ero al settimo cielo, rimandavo le telefonate con Valeria: diventavano frettolose. Ma Lavinia non era un rifugio: era venuta fuori in maniera eclatante, quello che sognavo potesse capitarmi con una donna.

Arrivò la sera fatidica e un sms: «Sono qua fuori. Al cancello troverai una mascherina. Mettila e segui le mie indicazioni». Un po' titubante obbedii. Temevo quasi potesse menarmi, visto che Valeria aveva postato su Facebook una nostra foto insieme, rendendo pubblico il rapporto. Questo provocò l'odio di tutte le amiche di Lavinia, che mi insultarono nei commenti, mentre lei imperterrita invece elaborava il suo piano efficace e vincente. Misi la mascherina, sentivo la macchina che si avvicinava e intravedevo – da una fessura della benda che mi ero lasciato per sbirciare – le bellissime scarpe con tacchi che indossava. O voleva uccidermi vestita bene oppure era una dolce sorpresa. Sentivo un'aria elettrica in macchina. La sua voce tremava. Non mi consentì di togliere la mascherina per almeno mezz'ora. Ero impaziente ed eccitato. Mi portò nel posto dove ci eravamo baciati la prima volta. Rischiai di cadere mentre mi conduceva per mano, ancora bendato, dopo aver posteggiato. Eravamo al *Momart*, un locale nei pressi di Piazza Bologna. A quel punto finalmente potevo ammirarla: fantastica nel suo abito bianco. Una collana rifletteva lo splendore emanato dalla luce dei suoi occhi, che continuano sempre ad ammaliarmi con quell'effetto cangiante fra il verde e il castano, profondi come il mare.

Mi baciò: ora ero suo. Uscendo dal locale mi impose di troncare immediatamente con Valeria. Lo feci, anche se fu pesante. Provai a spiegare, a dirle che mi ero rimesso insieme con Lavinia. Valeria pensò a uno scherzo, visto che di lì a qualche giorno sarebbe dovuta venire a Roma. Al telefono continuava a ripetere: «Ma stai scherzando!?» Fui brusco. Sapevo di non comportarmi bene con lei, ma non potevo spiegarle in quel momento. Troncai la chiamata. E chiudendo quella comunicazione, chiusi con le altre donne: ora sono solo di Lavinia. Valeria avrebbe provato a richiamarmi, ma senza più risposta.

Nei mesi successivi stavamo bene insieme, avrei voluto sposarla, ma frenava. Poi a settembre capitò un'altra cosa eccezionale, per me. Lavinia decise di rilevare la proprietà di metà della casa, quella di Daniela, proprio quando stavo decidendo di venderla, perché non riuscivo più a sostenere le spese. Quando me lo disse non stavo più nella pelle: questa donna aveva deciso di condividere la sua vita con me. A questo punto preparai qualcosa che avevo in mente da tempo. La realizzai a Ravenna, il 12 ottobre 2014. A tre anni esatti dal titolo mondiale sarà ancora quella data a portarmi fortuna. In Romagna erano in programma gli Open italiani di scherma. Lavinia partecipava come pentatleta. Io il giorno precedente avevo fatto schifo, nella mia mente c'era solo la grande sorpresa che stavo preparando. A Lavinia dissi che tornavo a Roma perché ero arrabbiato. Invece rimasi nascosto in una pensione con Enrico Garozzo, che sarebbe stato poi testimone alle nostre nozze. Fra la rabbia per la gara e la tensione per il momento topico della mia vita, scattò un'ubriacatura «ignorante». Andammo in un bar: Enrico ordinò whisky, io sambuca: la detestavo ma volevo berla come un amaro calice. Lo stomaco bruciava, il cuore pure. Fumai pure una sigaretta: evento che capita non più di una volta ogni dieci anni. Ero teso: le avrei chiesto la mano davanti a tutti. E se avesse detto no? Non era tanto la figuraccia, ma a Lavinia tenevo più di ogni altra cosa. La notte la passammo vagando alticci. Al mattino la testa era pesante, una lunga doccia servì per disintossicarci dalla giornata precedente. Mi preparai: avevo comprato un abito apposta.

Al Pala De André, grazie alla complicità dei dirigenti locali e federali, riuscii a far bloccare le gare di centinaia di persone. Mi presentai a sorpresa, elegante, sulla pedana dove stava tirando Lavinia. Tirai fuori l'anello di fidanzamento e mi inginocchiai chiedendole di sposarmi. Gli organizzatori diffusero in sottofondo le note di *Diamonds* di Rihanna. Non finii la frase che lei mormorò un sì, saltandomi al collo per un bacio unico e indimenticabile.

Find light in the beautiful sea
I choose to be happy
You and I, you and I
We're like diamonds in the sky
Shine bright like a diamond
Shine bright like a diamond.

Trovo la luce nello splendido mare
Scelgo di essere felice
Tu e io, tu e io
Siamo come diamanti nel cielo
Brilliamo luminosi come un diamante
Brilliamo luminosi come un diamante.

Di tutte le donne che ho conosciuto, Lavinia è la più bella e sono un uomo fortunatissimo ad averla al mio fianco, giorno dopo giorno. Nel senso più puro della bellezza: quando la vedo mi illumino.

Abbiamo scelto Gaeta, per sposarci: un luogo dove

Lavinia bambina andava dai nonni. A me è piaciuto subito perché il mare è qualcosa che ho dentro. La lunga e stressante preparazione di un matrimonio in genere è il momento in cui puoi pensare: ma chi me l'ha fatto fare? E magari si inseriscono nella mente dei dubbi: sarà la donna giusta per me?

Dubbi che non ho avuto né prima né dopo. In quel 6 settembre del 2015 mi sembra di volare. Mamma mi accompagna all'altare allestito sulla spiaggia, a pochi metri dal bagnasciuga: la vedo arrivare sullo sfondo, accompagnata dalle note di *All of Me* di John Legend. Giuro che in quel momento è come se ci fosse stata dissolvenza tutto intorno. I volti di parenti e amici appaiono sfumati, i miei occhi mettono a fuoco solo Lavinia: la cosa più bella che abbia mai visto.

What would I do without your smart mouth
Drawing me in and you kicking me out?
Got my head spinning, no kidding
I can't pin you down
What's going on in that beautiful mind?
I'm on your magical mystery ride
And I'm so dizzy, don't know what hit me
But I'll be alright
My head's underwater
But I'm breathing fine

You're crazy and I'm outta my mind
Cause all of me loves all of you.

Cosa farei senza la tua splendida bocca
che mi attrae e mi respinge?
La mia testa gira, non scherzo
non riesco a fermarti
che succede in quella bella mente?
Sono sul tuo magico viaggio del mistero
e sono così confuso, non so cosa mi abbia colpito
ma starò meglio
La mia testa è sott'acqua
ma respiro benissimo
sei folle e sono fuori di testa
Perché tutto di me ama tutto di te.

Appena mi raggiunge sull'altare entriamo in un mondo solo nostro. Io sono tesissimo, Lavi invece mi sorprende per la calma che riesce a mantenere. Lo scambio delle fedi è il suggello: è da tempo che desideriamo questo momento e ora eccoci qui a giurarci amore. Ora volo altissimo con la mia dama, come gabbiani sul mare. Che è lì: ne sento la risacca e l'odore che mi fanno star bene. All'esterno appaio tirato, in effetti sono concentrato. Il primo sorriso me lo strappa Enrico, l'amico di stanza, di stoccate e di tante confidenze. Legge delle parole sentite.

«Noi due condividiamo molte cose, dalla più scontata che è la scherma, al modo di non mostrarci affetto. Ma proprio in questa non dimostrazione di affetto c'è tutta la stima, il volerci bene e il sostenerci. Credo che il nostro rapporto possa essere esplicato bene da un episodio dell'anno scorso. Per chi non lo sapesse: siamo compagni di camera in Nazionale da quasi otto anni. In ritiro una collega chiese: 'Ma dai, siete amici e condividete tutto, perché questa paura di sfiorarvi nel letto?' Paolo rispose: 'Amici? Io a Enrico non l'ho mai visto nemmeno in faccia!' Quindi, Lavinia, quando ogni tanto litigherete, quando ogni tanto sarete in disaccordo, prenditela un po' anche con me, ma soprattutto dagli e dimostragli l'affetto che io non gli dimostrerò, ma che lui percepirà in altro modo.»

Semplice e toccante, finisce la cerimonia ed è il via alla festa, con uno scatenarsi di balli e canti che coinvolge tutti. Divertente ed elettrizzante, come il taglio della torta con degli spettacolari fuochi d'artificio sull'acqua, che ci lasciano a bocca aperta. Ma sinceramente quello che mi sorprende ed emoziona di più, dopo il fatidico sì, sono papà e Marina che ci dedicano, cantandola, *Way Back Into Love.*

All I wanna do is find a way back into love
I can't make it through without a way back into love
And if I open my heart to you
I'm hoping you'll show me what to do
And if you help me to start again
You know that I'll be there for you in the end.

Tutto ciò che voglio fare è trovare una strada per tornare ad amare
Non posso farcela senza trovare una strada per tornare ad amare
E se apro il mio cuore a te
Spero che tu mi mostrerai cosa fare
E se tu mi aiuti a ricominciare
Sai che io sarò lì per te alla fine.

Insieme a Lavinia, quella strada dell'amore l'ho trovata e la stiamo percorrendo felici.

12

La lezione di Oleg

Pensavo di non essere fatto per lo sport di squadra. Invece nella vita si può cambiare. E si impara sempre. Io che ho scelto la scherma per essere da solo sulla pedana, a confrontarmi con me stesso e un avversario, a trentatré anni scopro di colpo il fascino del gioco di squadra: proprio quello che da bambino mi faceva arrabbiare se subivo gol in porta o se uno schiacciatore mandava fuori una mia alzata. E non credevo potesse avvenire nella scherma. O per lo meno, la competizione a squadre nella spada l'ho sempre disputata, ma avevo l'impressione che fosse solo una somma di individualità. Ora invece è tutto diverso e il cammino per raggiungere questo risultato è stato lento e faticoso, impensabile poco più di un anno fa.

L'istantanea migliore è il confronto, a un anno di distanza, della tappa di Coppa del Mondo a Heidenheim, Germania. Nel 2015 tiravamo male, svogliati, tutt'altro che un gruppo, e l'aspetto era preoccupante perché la qualificazione all'Olimpiade passava attraverso il ranking di squadra e in quel momento eravamo molto lontani dalle prime sei posizioni che portano a Rio de Janeiro. Un anno dopo, fine gennaio 2016, eccoci tutti abbracciati a festeggiare.

Il picco negativo lo toccammo a Montreux, campionati Europei, giugno 2015, eliminati agli ottavi, ma soprattutto nel viaggio di ritorno litigammo fra noi. Un «tutti contro tutti» che poteva servire come «sfogatoio», ma non era costruttivo. Mancavano quattro prove di Coppa del Mondo e il Mondiale a Mosca, ma eravamo lontani da un rendimento competitivo e Rio sembrava su un altro pianeta, tanto era distante. Io, Enrico Garozzo, Marco Fichera – anche lui di Acireale – e Andrea Santarelli, singolarmente siamo competitivi, ma in squadra stentavamo a trovare sintonia.

Intanto, proprio da gennaio 2015 lo staff tecnico, con il ct Cuomo e il suo vice Dario Chiadò, aveva inserito una figura che si sarebbe rivelata decisiva. Quella di Luigi Mazzone, ex campione di spada e neuropsichiatra infantile di successo. Lui diventò il nostro mental-coach, studiandoci approfonditamente. Nei primi mesi ci osservava dall'esterno, valutando i nostri comportamenti. Poi in giugno decise di intervenire in maniera diretta. Capitò nel ritiro a Formia: a luglio erano in programma i Mondiali a Mosca e un'altra prova negativa avrebbe compromesso definitivamente la qualificazione olimpica.

Luigi ci riunì tutti e quattro e lo sfogatoio stavolta fu indirizzato verso un sano spirito di gruppo. Sono sincero, mentre con Enrico c'è un'amicizia consolidata da oltre dieci anni, con Marco Fichera non ho mai avuto grandi rapporti, e anche con Andrea Santarelli non andava meglio. Addirittura la prima volta con Andrea quasi ci mandammo a quel paese. Mazzone ci accompagnava per mano in un percorso inesplorato, dove l'«io» lasciava il passo al «noi».

Uscimmo da quella stanza convinti che qualcosa stesse cambiando, ma poi è sempre la pedana l'unico responso che conta. Cominciammo, però, ad allenarci insieme con una diversa convinzione. Ci si aiutava nel correggere gli errori, si cercava di mettere da parte gli atteggiamenti egoistici sbagliati.

E a Mosca, in effetti, qualcosa cambiò. Nell'individuale non andai oltre i sedicesimi, battuto da Marco Fichera, a sua volta eliminato al turno successivo. Enrico e Andrea si fermarono ai quarti, a un passo dalle medaglie. Ma fu la squadra che cominciò a girare e la scintilla scattò contro la Francia, che incontrammo nei quarti: campioni d'Europa in carica, per noi una bestia nera. Ma li battemmo: guardandoci in faccia capimmo che la chimica era quella giusta. Peccato che in semifinale l'Ucraina, con una tattica di attesa, ci irretì, battendoci e vincendo poi il Mondiale. Ma anche nel bronzo sfumato, contro la Svizzera, segni positivi germogliavano. Da quel momento i «tuoi» errori diventavano «nostri». Si studiava insieme ogni particolare, si cambiavano tatticamente alcune cose. E anche Andrea, che in questa fase era la riserva, partecipava in tutto e per tutto.

Cominciava una escalation di risultati che ci fece intendere che la strada intrapresa era quella giusta. Terzi a Berna, secondi a Tallinn. Il ranking migliorava e ora potevamo mettere meglio a fuoco la figura del Cristo Redentore che si staglia sulla splendida Baia di Rio.

Prima della partenza per il Qatar, per il Gran Prix di Doha, però, successe quello che non avrei mai voluto. La settimana ancora precedente chiamai il Maestro Oleg per fissare gli orari delle lezioni, e lui si fece un po' evasivo, sfuggente: «Non ci sono», provò a giustificarsi senza dare altre spiegazioni. Capii che non era un problema di scherma, lo incalzai e quasi si arrese: «Sono all'ospedale». Scoprii amaramente che da tempo soffriva, ma non aveva detto nulla. Al mio matrimonio era presente con la sua dolce Ludmila e già sapeva che il suo male era incurabile e non gli avrebbe concesso molto tempo. Ancora tu, maledetto cancro, colpisci le persone a me più care. Andai a trovarlo al Policlinico di Tor Vergata per due volte. Lui mi nascose la malattia, continuava a ripetermi: «Vai in palestra. Devi avere la mente libera. Non devi pensare a niente. Io sto bene». Quando lo salutai, poco prima di partire per Doha, temevo potesse essere l'ultima volta. Lo guardai, uscendo dalla porta della sua stanza: mi scrutò con grande dignità e abbozzò un sorriso sotto i baffoni bianchi, senza lasciarsi prendere dalla commozione, come invece capitò a me appena girato l'angolo del corridoio. Ancora una volta mi aveva dato una lezione, di vita: non si è mai lamentato e ha sempre pensato agli altri.

Nell'elogio funebre che, al ritorno dal Qatar, mi toccò pronunciare sull'altare, chiosai in modo personale: «Tre parole che ti faranno certamente pensare che io sia ubriaco. Perché non te le ho mai dette per non apparire bambino o debole di fronte a te. E invece ho solo perso un'occasione. Ti voglio bene».

Ecco, è l'unico rimpianto che mi rimane, perché per il resto i quasi dieci anni insieme al Maestro restano un patrimonio enorme per la mia vita, non solo per la scherma. Oleg, personaggio incredibile. Una volta gli chiesero se avesse fatto parte del Kgb: la risposta fu un silenzio impenetrabile. La sua filosofia di vita era legata all'esperienza sovietica che rimpiangeva: «Ai tempi della falce e martello il popolo stava meglio, ora i dirigenti hanno cambiato giacca e la gente fa la fame», ripeteva. Era una fonte incredibile di aforismi che a volte ti lasciavano di sasso, mentre altre ti facevano sbellicare dalle risate, come quando davanti a un buon bicchiere diceva: «Non esiste donna brutta, esiste poca vodka». In palestra ripeteva: «La velocità serve solo per prendere pulcini», inutile in pedana. Bastava una sua mezza frase e capivo subito cosa volesse da me. Sono stato sempre abituato ad avere riferimenti forti nella vita per sapere cosa fare e non perché farlo. Alla lunga, se quella via è giusta, capisco da solo il perché. Succede con i miei genitori ed è successo con Oleg. Non mi sono mai sognato, durante una lezione, di chiedergli perché fare quel determinato esercizio o movimento. Per rispetto, perché poi è l'esperienza che deve insegnarti il resto. L'importante è avere i maestri giusti e il mio orso Oleg lo è stato e lo rimarrà per sempre.

Il nostro rapporto non è mai cambiato, anche se ho vinto un Mondiale e ho disputato un'Olimpiade. Ed è giusto così. Ogni giorno arrivavo in palestra e dopo il «Buongiorno Maestro» gli chiedevo cosa dovessi fare. Come fossi un ragazzino alle prime armi. Lui era un monolite: non sarebbe mai cambiato. E io l'ho sempre apprezzato com'era. Una persona che semplicemente la vita aveva temprato così: come il metallo di una lama che non si spezza mai. Ogni istante che ho passato accanto a lui è stata una lezione per imparare a comportarmi da uomo, in pedana e fuori. L'ultima volta insieme in Russia, a Mosca, luglio 2015, aveva tenuto tutte per sé le emozioni. Avevo cercato di farlo parlare, di aprirlo: alzò un muro, tenendo dietro le fessure degli occhi una vita passata che non poteva più tornare. Sapeva di star male e che non avrebbe più rivisto la sua terra.

Un orso solo all'apparenza, perché per noi, suoi allievi, era invece sempre un punto di riferimento. Sì, anche a livello affettivo. Ogni anno la tradizionale cena a casa sua era un appuntamento imperdibile. Nella dimora Pouzanov, al Labaro, c'era un grande tavolo rotondo, che trovavamo pieno con una ventina di portate: solo gli antipasti. Anche se l'appuntamento era estivo non mancava mai il *borscht*, una buonissima zuppa di barbabietola che andava consumata caldissima. Bisognava ingurgitarla velocemente a costo di bruciarti l'intestino, se no Oleg si arrabbiava. Una vera e propria cerimonia che durava dalle due alle tre ore e si doveva mangiare tutto per onorare gli ospiti. Per me a quel tavolo c'erano delizie e incubi. L'insalata russa di Ludmila è insuperabile: sa che ne vado ghiotto e me ne confezionava una parte da portare a casa e gustare almeno per una settimana. L'incubo, invece, era l'aringa affumicata: io mangio di tutto, ma quell'aringa annerita proprio non riuscivo a mandarla giù.

Una volta, andando a casa di Oleg, portai un mazzo di fiori alla moglie. Rimase perplesso: «Non capisco, non capisco!» E io: «Maestro, si chiama sorpresa». E scoppiai a ridere, mentre lui mi guardò come se fossi pazzo. Non sopportava i gesti romantici in pubblico, mentre ho scoperto poi che dai cespugli del centro sportivo all'Acqua Acetosa staccava una rosa per portarla a casa alla sua Ludmila. E ogni volta che si appassiva la sostituiva con una fresca.

Oleg resterà sempre dentro di me, ma intanto c'è da riprendere l'attività nella fase più delicata per la qualificazione. Devo trovare un nuovo maestro e la scelta ricade su Enrico Di Ciolo, ma lui lavora a Pisa e non è semplice. Mi organizzo in fretta e furia, durante le feste di fine anno, per programmare la mia nuova vita, per i primi sei mesi del 2016. Lontano da Lavinia e da casa, vado a vivere al centro sportivo di Tirrenia: da lì, in meno di mezz'ora, sono in palestra. Appena possibile, durante le pause degli allenamenti, un salto al mare per respirare iodio e sensazioni positive.

Ed eccoci, a fine gennaio, ancora a Heidenheim: un anno è passato. Mi sembra una vita con tutto quello che è successo: il matrimonio, i travagliati rapporti di squadra, la scomparsa di Oleg. In Germania, come ogni volta, viene Marina. E la presenza di mia sorella è sempre di buon auspicio. Ma siamo tesissimi: sapendo di essere a un passo da Rio, consapevoli però che basterebbe un piccolo inghippo per complicare tutto. Forse anche per questo nell'individuale tutti e quattro non andiamo benissimo. Io perdo contro Marco Fichera. Oggi il nostro rapporto è completamente diverso, ma quando si tira nell'individuale una sconfitta fa sempre male. Ceno da solo e vado a letto presto preparandomi mentalmente alla gara a squadre, completamente diversa.

Nella spada non si sa mai: non bisogna in nessun caso sottovalutare l'avversario. Come il primo contendente, l'Australia, superato bene proprio per la grande concentrazione: 44-29. La stessa Marina, che sa di scherma, mi dirà di essere rimasta sorpresa per la crescita del gruppo, per l'approccio che tutti abbiamo in gara.

Poi è la volta del Kazakistan, che giocandosi le sue possibilità olimpiche si presenta subito ostico. Una sfida punto a punto, ognuno porta il proprio patrimonio di stoccate, alla fine risolve Marco Fichera all'ultimo assalto: 35-34. Avanti, tutti uniti, ed ecco la Corea. A livello tecnico e mentale gli alti e bassi ci sono, come è logico che sia. Io stesso alterno momenti esaltanti a fasi di stallo. Ma tutti tiriamo come se fossimo una persona sola. Ci sono due modi di dire tipicamente catanesi che io, Enrico e Marco usiamo per incitarci e sostenerci a vicenda: «*Forza 'mbare*», dove *'mbare* è compare, amico, persona con cui condividi le cose più importanti. E anche: «*Ora ma spurugghiu iu*». Lo diciamo dopo un assalto andato male a chi ti ha preceduto e in quel momento è un po' giù: «Ora ci penso io». Nel senso di presa di responsabilità. Sembra una cosa banale, ma la piena sintonia fra noi è scattata quando anche Andrea, che è di Foligno, ha cominciato a pronunciare quelle frasi in dialetto catanese.

La vittoria con i fortissimi coreani, 34-30, ci proietta a un solo passo da Rio. Per i calcoli del ranking, superare l'Ucraina, campione del mondo in carica, ci darebbe la certezza aritmetica. Ma non è il momento di far conti: ci sentiamo così bene e forti insieme che c'è solo voglia di tornare in fretta sulla pedana, per non rompere questa sorta di incantesimo.

Con gli ucraini le gare sono sempre dalla tattica esasperata. A Tallinn, nella precedente tappa di Coppa di Mondo, li abbiamo superati con un punteggio incredibilmente basso: 10-8. E anche stavolta è una sfida tesissima, fatta di lunghe attese, ogni stoccata vale il triplo. Si conclude 30-28, ancora con Marco decisivo nel finale. L'abbraccio è intenso: Rio, ci siamo! Ma la trance agonistica è tale che ci guardiamo negli occhi dicendoci che poi ci sarà tempo per festeggiare. Vogliamo misurarci e vincere contro la Francia, una delle grandi favorite all'Olimpiade.

Una sfida bellissima, di alto contenuto tecnico, di un'intensità unica. L'assalto è equilibratissimo, e ancora una volta il responso finale è affidato a Marco, che comincia l'ultima frazione in perfetta parità. Lui e Lucenay si scambiano un paio di stoccate, mentre io, Enrico e Andrea continuiamo a urlare e incitare, quasi in pedana pure noi. Si finisce alla priorità: quei maledetti e velocissimi secondi dove tutto è così arbitrario e un frammento di tempo infinitesimale può sancire la differenza tra una bella gara e una grandissima impresa. Marco riesce a mettere a segno la stoccata decisiva del 40-39 ed eccoci tutti abbracciati sulla pedana come un unico corpo. Che differenza rispetto a un anno prima!

Ora ci incitiamo senza sosta, ci ascoltiamo, rispettando gli spazi degli altri e allo stesso tempo essendo presenti l'uno per l'altro. È come se ci fosse una rete a sostenerci, quasi impalpabile ma solidissima, tessuta con pazienza, maglia per maglia, in durissimi mesi di lavoro comune. E la rete tiene anche nei momenti difficili. Marco Fichera stavolta è stato decisivo. Se non ci fosse stato lui non ci sarebbe stata questa finale. Ma la sensazione è che se non ci fosse stata *questa* squadra, Marco non avrebbe tirato in *questo* modo: tutte le fasi, anche quelle negative, si caricano di un senso condiviso. Non ci sono colpe e colpevoli: c'è solo coesione, fiducia, ed è bello da vedere. Siamo una squadra vera e lo urlo nelle orecchie di Luigi Mazzone. Su quel primo gradino del podio, a Heidenheim, non ci sono solo quattro bravi atleti, ma quattro uomini che hanno dato tutto, imparando a fondersi e ad arricchirsi l'uno con l'altro. Quasi quattro fratelli.

Abbraccio Marina, e chiamiamo mamma e papà per festeggiare insieme, anche se a migliaia di chilometri di distanza. Loro sono più emozionati di me e papà mi racconta un aneddoto che lui e mamma, per oltre tre anni, avevano tenuto scaramanticamente segreto. Il giorno della mia sconfitta all'Olimpiade di Londra, fecero una passeggiata amarissima in centro quando, vicino a Piccadilly Circus, una hostess li invitò a entrare in un grande palazzo. Di umore nero stavano declinando l'invito quando videro la scritta CASA BRASIL. Gustarono un buon caffè ammirando sui panel gli splendidi panorami della baia di Rio e, salutando, presero un distintivo con la bandiera brasiliana e un dépliant, come un segno beneaugurante. Ogni giorno, a ogni mia gara hanno stretto quel simbolo brasiliano, quasi fosse un rito propiziatorio. E proprio in quel momento mi svelarono il loro piccolo grande segreto.

La notte di Heidenheim è bianca di neve e fredda, ma per noi caldissima. Ci ritroviamo a festeggiare in un ristorante italiano e oltre a Chiadò e Mazzone c'è anche Paolo Zanobini, altra persona importante dello staff tecnico. Al telefono abbracciamo idealmente il nostro ct Sandro Cuomo, impegnato con la squadra femminile di spada a Barcellona. Curiosamente hanno scelto lo stesso locale per la cena pure i francesi, nostri acerrimi avversari. Quasi spontaneamente, a fine pasto, c'è un brindisi olimpico. E sollevando i calici ogni atleta sogna.

Anch'io sogno, ma la mente e il cuore mi portano a Oleg e ai suoi tormentoni. «Non è ancora tempo di festeggiare.» Bisogna lavorare duro per l'Olimpiade, senza parlarne. E infatti con lui la parola non veniva mai pronunciata. Prima di una trasferta usavo salutarlo dicendo:

«Speriamo vada bene». E lui, sempre secco: «Speriamo no» e non aggiungeva altro. Nel suo pragmatismo conta solo l'allenamento in palestra. Il suo ultimo sguardo è un'istantanea ben a fuoco nei miei pensieri. So che dovunque sarà mi darà il consiglio giusto sulla pedana di Rio e su quelle della vita. Ho capito la lezione.

Buongiorno Maestro.

13

Rio e quel podio agognato

Preparo la mia seconda Olimpiade a Tirrenia come un monaco tibetano. Nel grande centro sportivo, dal gennaio del 2016 vivo praticamente da solo. Quasi in ritiro spirituale, per sei mesi, perché stavolta non voglio farmi stordire dal canto ammaliante della sirena olimpica, come è successo a Londra. Smaltita la gioia per la qualificazione, per nulla scontata, ora c'è da lavorare sodo con il Maestro Enrico Di Ciolo, a Pisa, per arrivare al meglio a Rio. Lavinia, da sportiva ma soprattutto da compagna vera, sa assecondarmi, anche se questa lontananza è pesante: siamo sposati da pochi mesi. Due sedute al giorno di grande intensità, alla sera arrivo stanchissimo e dormo come un sasso. Al mattino presto mi rialzo e rischio a volte di inciampare sulle mie stesse gambe, indolenzite dal lavoro di preparazione. Mai però dalla mia mente passano concetti negativi: sono convinto della scelta, e col senno di poi la rifarei.

Sappiamo che abbiamo le potenzialità per salire sul podio olimpico, e anche individualmente possiamo dire la nostra. L'ultimo test in giugno, agli Europei di Toruń, in Polonia. Marco Fichera ha avuto un piccolo infortunio, quindi lo sostituisce Lorenzo Buzzi. Le sensazioni sono buone, la squadra funziona e dopo la Finlandia superiamo ai quarti la Russia per ritrovarci in semifinale con la solita, ostica Ucraina. Sfida molto tattica e vittoria a punteggio basso di una stoccata. Siamo in finale per giocarci il titolo europeo. I nostri meccanismi funzionano, si vive insieme ogni momento con grande intensità, io ed Enrico Garozzo «guidiamo» il gruppo con la nostra carica sicula. Andrea Santarelli ormai riesce ad assecondare perfettamente il nostro dialetto, o forse è meglio definirlo linguaggio agonistico. Così anche per Lorenzo è più semplice inserirsi. Contro i francesi teniamo la pedana, ma la loro grande esperienza fa sì che nei momenti decisivi riescano a piazzare la stoccata in più: sono loro a vincere il titolo, meritatamente, ma noi siamo vicini. Ed è vicina pure l'Olimpiade.

Rio è una città affascinante, bellissima. Il villaggio olimpico come sempre riserva incroci particolari; conservo una foto ricordo con il grande Rafa Nadal, ma provo a «uccidere» il bambino appassionato di sport che c'è in me:

devo restare concentrato perché l'occasione è unica. Mi godo la travolgente manifestazione di apertura, una festa esagerata a ritmo di samba. Prova a rovinarmela l'amico Daniele, l'altro Garozzo, il fiorettista: ha da ridire sulla mia capigliatura e comincia a chiamarmi Pancrazio, un vero e proprio tormentone. A volte la permalosità mi porterebbe a reagire, ma preferisco focalizzare le mie energie sulla pedana. E proprio quando la concentrazione della squadra è massima, ecco arrivare un fulmine che rischia di mandare tutto per aria.

Nella gara individuale che precede quella a squadre io, Marco ed Enrico scendiamo in pedana con discrete ambizioni e buone sensazioni. Che però durano poco: al primo turno, i sedicesimi, Fichera viene eliminato da un giapponese, io dallo svizzero Heinzer e solo Garozzo arriva agli ottavi, dove viene eliminato dal coreano Park Sang-young. E poco importa se a fine gara lo stesso asiatico vincerà l'oro. La grande amarezza ci rende egoisti e ci isola. Poca voglia di parlare tra di noi, molta di starsene chiusi in camera, isolati da quel favoloso mondo olimpico che ci circonda. È come se di colpo tutto si fosse maledettamente complicato. Gli egoismi sputati fuori come in un'eruzione vulcanica.

Nervosi e irascibili, quella sera con Enrico sfoghiamo la rabbia su una serie di double burger: la fame passa, la tensione no. Ci sono solo quattro giorni per preparare la gara a squadre: dal modo in cui li si affronterà dipenderà tutto. So di essere insopportabile col prossimo, e per fortuna in Brasile c'è anche mia moglie. Lavinia diventa fondamentale, perché anche lei è atleta di livello internazionale: sa capire i momenti in cui un silenzio vale più di una carezza e quando una coccola è più efficace di un allenamento.

In palestra, dal punto di vista fisico, si fa solo un lavoro di mantenimento, perché sotto l'aspetto tecnico e tattico siamo preparatissimi. Il ct Sandro Cuomo ha affidato l'analisi degli avversari al Maestro Dario Chiadò. Grazie a video e altre informazioni, di ogni singolo avversario sappiamo caratteristiche, punti forti e deboli, insomma tutto quello che serve per impostare in maniera strategicamente impeccabile ogni assalto. In questo contesto l'aspetto mentale è preponderante.

E qui ecco tornare protagonista una persona fondamentale: il nostro mental coach, Luigi Mazzone, catanese anche lui. Luigi è un neuropsichiatra infantile, e il suo vero capolavoro a Rio è stato un altro, ma ne parleremo fra un po'. Il nostro «allenatore della mente» ci guardava e capiva che qualcosa non andava. Il nervosismo è dissimulato, ma in effetti cova in maniera preoccupante, e questo non fa bene alle dinamiche di gruppo. A soli due giorni dalla gara Mazzone prende tutti e quattro e ci chiude in una stanza del villaggio olimpico. In pochi attimi si scatena l'inferno. Ognuno si sfoga, senza freni inibitori: se non ci siamo picchiati è solo perché siamo tutti ragazzi educati e di buona famiglia. Quelle urla, quegli insulti, sono però «trasformati» magistralmente da Mazzone in carica positiva. Così le nubi si diradano e ritroviamo quella sintonia che dall'estate del 2015 ci aveva portato a rimontare parecchie posizioni del ranking e a centrare una qualificazione olimpica complicata.

Che la tensione si sia dissipata lo dimostra un altro episodio. Uscendo da quella riunione, con gli altri tecnici fuori che ci scrutano per capire che aria tiri, io ed Enrico – maestri di *liscìa* catanese, ricordate? – simuliamo una litigata urlando e mettendoci le mani addosso: Chiadò sbianca e resta pietrificato, poi ci vede scoppiare a ridere e capisce. O meglio: pensa che siamo pazzi.

Negli stessi giorni ad alta tensione un altro passaggio diventa fondamentale. Capita quando il solito Mazzone, per scuoterci dal nostro torpore, ci mette davanti al fatto compiuto: «Oggi si va tutti a pranzo insieme a Casa Italia con il gruppo di ragazzi autistici». Sì, perché il neuropsichiatra apprezzato a livello internazionale segue da tempo un gruppo di ragazzi autistici, non solo all'Ospedale Bambin Gesù ma anche attraverso l'Accademia Scherma Lia – di cui ho parlato nel Capitolo 4 –, dove questi giovanissimi praticano la scherma. Dall'idea che da tempo coltiva (non ci si può occupare di autismo solo all'interno delle mura ospedaliere), Mazzone è riuscito a realizzare un progetto incredibile: portare alle Olimpiadi un gruppo di otto ragazzi, accompagnati solo da assistenti e psicologi. Un'esperienza fantastica per loro e anche per noi spadisti, che da tempo li conosciamo e siamo loro affezionati. Provate a immaginare per un attimo la fiducia piena di genitori che lasciano a un manipolo di volontari – anche se qualificatissimi – quei figli così delicati, tutti al loro primo volo intercontinentale e che non sono mai stati così lontani dal nucleo famigliare. Basta solo questo per capire il lavoro straordinario di Mazzone e dei suoi collaboratori a Rio.

Però quando quella mattina, il giorno prima della gara a squadre, Gigi ci ha detto che avremmo pranzato tutti insieme, la reazione non è stata proprio entusiastica. Più che altro volevamo nasconderci come tartarughe, ognuno nel proprio guscio. Uno di noi si azzardò a rispondere: «A Casa Italia ci andremo solo se riusciremo a salire sul podio. Dopo, non prima». Sia chiaro: nessuno del gruppo si è mai tirato indietro per dare una mano a Gigi nella sua attività medica e volontaria, ma in quel momento c'era poca voglia di aprirsi verso il mondo. Pensavamo solo di aver bisogno di silenzio e concentrazione, senza alcuna distrazione esterna. Ma poiché Mazzone ha dimostrato in più occasioni di saper trovare la chiave giusta per stimolarci, accettiamo poco convinti quello che sembra un obbligo, più che un invito. E ancora una volta Gigi ha ragione. Pranzare insieme a Jacopo e agli altri ragazzi ci apre la mente. Stando con loro con semplicità, passando una posata o porgendo la bottiglia dell'acqua, ci si accorge di quali siano le cose importanti. A quel punto l'eccesso di ego si sgonfia e si ritrova la voglia di ascoltare gli altri. In quel pranzo a Casa Italia, i ragazzi del progetto di Mazzone sono elettrizzati, e noi spadisti felici di aver ritrovato equilibrio e un pizzico di serenità.

Eccoci al mattino della gara. Alle 10.30 siamo sulla pista verde per affrontare la Svizzera, un avversario che ha le nostre stesse ambizioni e schermidori di assoluto valore internazionale. Un anno prima, nel Mondiale di Mosca, ci hanno battuto nella finale per il bronzo, togliendoci la gioia di salire sul podio. Sono i quarti di finale: passare significa essere in zona medaglia. In queste gare la partenza è importantissima. Marco Fichera conclude il primo assalto con una stoccata di vantaggio su Fabian Kauter. Buon segno. Tocca a me, e mi ritrovo davanti Max Heinzer, lo stesso che mi ha eliminato nei sedicesimi dell'individuale. Testa e gambe stanno bene e cominciano a girare in sintonia. Attacco sciolto e chiudo la frazione 4-2. Subito dopo Enrico Garozzo rifila un pesante 6-2 a Benjamin Steffen.

Ci siamo, eccessi di nervosismo e negatività sono alle

spalle. L'individualità lascia il passo al senso di squadra: siamo un'orchestra e regoliamo gli svizzeri con un netto 45-32. In semifinale ecco l'Ucraina, campione del mondo in carica, che ci aveva battuti proprio nella semifinale a Mosca un anno prima. Ma nella semifinale dell'Europeo a Toruń, meno di due mesi fa, abbiamo vinto noi di misura. Insomma, si può fare.

In effetti partiamo benissimo, e alla fine del primo turno di assalti siamo avanti di 5 stoccate. C'è sintonia nei nostri sguardi. Ognuno, dopo una botta vincente, si rivolge al resto della squadra: ci cerchiamo, sentiamo che l'impresa è vicina. Personalmente mi succede qualcosa non semplice da descrivere. Sto bene, lo capisco perché leggo in anticipo le mosse dell'avversario, quella frazione di secondo che ti consente di parare e colpire. Ma soprattutto sento il braccio sciolto, come se fosse telecomandato dall'alto. Sì, questa convinzione non me la toglierà mai nessuno: quel risultato olimpico è stato possibile perché il mio grande Maestro, Oleg Pouzanov, mi ha guidato da lassù. Lo sento, ne sono sicuro. Vinco tutti i miei assalti con gli ucraini, urlo come un forsennato. E quando Marco Fichera chiude l'incontro sul 45-33 la nostra esultanza si scatena: siamo sul podio olimpico! Se siete arrivati a leggere fin qui, sapete che questo risultato sarebbe stato impensabile solo un anno prima. Ognuno di noi spadisti, i nostri tecnici, le nostre famiglie: tutti hanno fatto sacrifici per questo sogno che ora si realizza.

In finale ci attende la Francia; favorita, ma che durante la stagione abbiamo battuto qualche volta. Loro però arrivano in pedana e non sbagliano nulla, mostrando una concentrazione e una determinazione superiore alle nostre. Noi combattiamo, però siamo sempre a inseguire. Vincono meritatamente e negli assalti finali riesce a essere protagonista anche Andrea Santarelli. In noi prevale la gioia per un argento eccezionale, non l'amarezza per una finale persa. Per anni abbiamo lavorato duro per arrivare lassù, salire su quel podio olimpico sognato sin da bambini e mordere quella medaglia che ci rende felici. Festeggiamo con un tricolore che sul bianco ha disegnato il viso di Lia, la moglie prematuramente scomparsa di Gigi Mazzone, giusto tributo a un uomo eccezionale, fra i più importanti per raggiungere questo nostro risultato.

In tribuna i nostri piccoli grandi amici dell'Accademia Lia sono felici e orgogliosi di noi. Quando salgo con i miei compagni-amici sul podio, mi passa davanti tutta la vita. Mi godo questi momenti: incontro a distanza lo sguardo umido di lacrime di Lavinia. Penso alla gioia che provano mamma e papà, «rifugiati» a Marathias, a mia sorella Marina. Mi godo con pienezza qualcosa che mi fa sentire completo come atleta, ma soprattutto come uomo. Questa medaglia mi emoziona più dell'oro mondiale vinto nella mia Catania. Allora, per certi versi, era stato un successo quasi casuale: la mia inconsapevolezza divenne leggerezza, un'arma in più in pedana. Stavolta invece questo risultato lo cercavo.

Sono a un punto della carriera – ho trentatré anni – in cui non è semplice programmare un nuovo quadriennio per puntare a un'altra Olimpiade. Sapevo che poteva essere l'ultima occasione, e la pressione in questi casi può giocare brutti scherzi, come capitò a Londra quando arrivai da favorito nell'individuale, fermandomi ai piedi del podio.

Invece eccoci qui: non eravamo favoriti ma potevamo arrivare in zona medaglia e ce l'abbiamo fatta. Mi sento un bambino felice: rido e piango contemporaneamente. Abbraccio Lavinia, che mai come stavolta è orgogliosa di me. Penso al Maestro Oleg, al pianto di Doha, quando seppi della sua morte e pensai che la mia carriera fosse finita. Questa Olimpiade che ora mi ha visto protagonista la vedevo lontana anni luce. Usciamo dall'Arena Carioca e ci fermiamo a firmare decine di autografi ai volontari dei Giochi, ragazzi brasiliani ma anche di altre parti del mondo. Pazzesco come possa cambiare l'umore in un tempo così breve. Qualche giorno prima evitavamo il prossimo come fosse appestato, mentre ora siamo tutti e quattro qui a immergerci in questa festa, sperando che non finisca mai.

A Casa Italia veniamo accolti come delle star, viviamo momenti unici. Del resto, noi schermidori non siamo abituati a tanta attenzione mediatica, che arriva ogni quattro anni se sei capace di salire sul podio, altrimenti finisci nelle brevi dei notiziari. Quando è notte, noi quattro protagonisti di una giornata indimenticabile ci ritroviamo davanti alla mensa del villaggio olimpico. E per la prima volta, al momento dei saluti, ci diciamo che siamo stati bravi. Una vera squadra.

E qui facciamo un fermo immagine. Anzi, riavvolgiamo il nastro e torniamo agli attimi dopo la vittoria con l'Ucraina in semifinale, quella che ci ha garantito la medaglia d'argento. Sono io che guardo «da fuori» quanto accaduto. Mi vedo esultante, troppo esultante, così come i miei compagni. Sto con Lavinia abbracciato e per un attimo parliamo anche di vacanze. Ecco, fermiamoci qui, perché l'esperienza non è mai troppa, e da mental coach – quello che ora mi propongo di diventare – mi rendo conto dell'errore fatto. Un errore grave, perché da leader anziano non ho arginato la troppa gioia.

Eravamo tutti in tribuna con le persone a noi care, dopo aver costruito un percorso grazie a quella fame di successo che ci aveva portati fino a Rio. Ora quella fame era un po' saziata e non ce ne stavamo accorgendo. Avrei dovuto allontanarli dal tavolo per evitare che esagerassero, avrei dovuto prenderli uno per uno e tirarli giù dalle tribune per mantenere alta la concentrazione. Quando prima della finale ci eravamo ritrovati nella camera di chiamata, la *call room* – una sorta di limbo pre-gara a metà strada tra il paradiso e il purgatorio – i nostri avversari erano «la Francia», noi solo quattro ragazzi contenti. Qualcosa nella nostra testa era cambiato: eravamo convinti di avere ancora il sacro fuoco, invece erano rimaste solo ceneri che si stavano spegnendo. Per questo la finale non ha avuto storia. Questo nulla toglie alla nostra impresa, ma insegna che nello sport, come nella vita, non sono ammessi rilassamenti. Quell'oro lo volevamo, ma inconsapevolmente e ingenuamente siamo arrivati un po' scarichi, mentre contro quell'avversario serviva dare il massimo.

Certo, ora sono felice così, però mi tornano in mente le parole del Maestro Oleg. A Catania, nel 2011, quando io ero pazzo di gioia per la vittoria mondiale, mi gelò dicendo: «Non è ancora momento di festeggiare», perché già pensava a Londra 2012. Ancora una volta le sue lezioni di vita mi dimostrano che non si finisce mai di imparare.

14

Oltre i sogni

DICONO che il 17 porti male. Invece il 2017 è l'anno che mi fa volare al di là dei sogni, sportivi e non solo. E dire che tutto sembrava andare in merda. Scusate il termine, ma vedrete che non è usato a caso, e senza che ci sia alcuna voglia di essere volgare.

La stagione post-olimpica è sempre complessa. Si parte per un nuovo ciclo e, avendo trentaquattro anni, devo anche pensare a come migliorare gli allenamenti per tenere il fisico sempre competitivo. Dopo la parentesi a Pisa col Enrico Di Ciolo, torno ad allenarmi all'Acqua Acetosa, al Club Scherma Roma. Con il Maestro Andrea Giommoni studio nuove tecniche di attacco «di raddoppio», più profondo nella guardia dell'avversario.

Intanto ho scelto come mental coach Marco Mazzieri, già ct della Nazionale di baseball, col supporto di Rafael

Colon, suo collaboratore proveniente dalla Major League americana. A curare la preparazione atletica c'è Andrea Lo Coco. Ma l'aspetto più innovativo nel metodo di allenamento deriva dal lavoro che svolgo sulle apnee. L'idea mi è venuta leggendo alcune riviste di immersioni di papà, che appassionano anche me. Mike Maric, campione del mondo di apnea, ora fa l'istruttore a Roma e segue parecchi atleti di livello internazionale. Insegna a respirare, che detta così sembra una banalità. Il suo motto è: «Se sei padrone del tuo respiro, sei padrone del tuo corpo, della mente, della tua vita».

Cominciamo a lavorare insieme. Simulo assalti sul fondo della piscina, in apnea. Sì, perché quando arrivi in fondo a gare di alto livello ti ritrovi nei momenti decisivi con poco ossigeno al cervello, e rischi di fare la scelta sbagliata. La passione per il mare e le apnee fa sì che viva questa fase di allenamento con grande entusiasmo, alla scoperta del mio corpo.

Comincio la stagione con grande determinazione, ma i risultati non arrivano. L'anno post-olimpico come al solito è complesso. Anzi, vado abbastanza male. L'unica gara decente la faccio a Bogotà, in maggio, dove arrivo ai quarti di finale. Poi a giugno agli Assoluti arrivo fino in fondo: batto in semifinale il mio amico Enrico Garozzo ma perdo il titolo contro Marco Fichera. Marco è un avversario «insopportabile» per i miei tempi di scherma.

La settimana dopo eccoci a Tbilisi, per l'Europeo. L'arrivo nella capitale della Georgia è un po' faticoso per via del volo con molti scali. Per mantenermi leggero decido di alimentarmi solo con riso bianco e salmone. Tanto salmone. Troppo salmone. Al mattino della gara individuale arriviamo presto, perché a livello continentale, al di là del ranking, si parte tutti in gruppi di qualificazione che sono una vera mattanza. E se non sei pronto e sveglio rischi di restare infilzato. Mi scaldo, e quando viene chiamato il gruppo e mi abbasso per prendere la spada nella sacca mi rendo conto che è successo il patatrac. I pantaloni della tuta da gara sono diventati arancioni, salmonati.

Corro in bagno per provare a sistemare la situazione. Non sto bene, ma stringo i denti. Mi ripresento in pedana con dei pantaloncini neri indossati sopra la tuta. Prendo la sgridata del ct Sandro Cuomo: «Dov'eri finito? Mica puoi gareggiare con questi!» Non dico nulla ma rispondo con un gesto eloquente: abbasso per un attimo i pantaloncini per mostrare la tuta. Tutti scoppiano a ridere, ma poi in qualche modo troviamo la soluzione: nel girone gareggio coi pantaloni di una divisa georgiana.

La *poule*, cioè la batteria di qualificazione, risulta la più difficile della mia carriera. Tre vittorie e tre sconfitte: riesco comunque a qualificarmi per il tabellone principale. Ma devo correre ancora in bagno: provo a bloccare fisicamente le perdite con la carta igienica. Sto male e penso alla figuraccia che sto facendo. Penso alla mia carriera finita. Il fatto è che al di là della figura non sto bene, ho perso tanti liquidi e mi reggo a stento sulle gambe. Se però avete imparato a conoscermi, leggendo questo libro, saprete che non sono tipo da arrendermi alle difficoltà.

Al primo turno eliminatorio supero lo svedese Christian Gustavsson. Cerco di gestirmi, perché non riesco ad allargare le gambe come vorrei. Comunque vinco, e prima di tornare in pista per i sedicesimi faccio un'altra tappa in bagno. Non riesco a stabilizzarmi. Ora devo affrontare l'israeliano Grigori Beskin. Mantengo sempre il controllo del match. Intanto le fitte intestinali cominciano a diradarsi. In queste condizioni qualificarsi agli ottavi è già un risultato eccellente, ma nella mia mente ora penso solo a una medaglia.

Negli ottavi però mi trovo di fronte l'ottimo Anatoliy Herey. Ben impostato tecnicamente, l'ucraino riesce più volte a sorprendermi andando avanti fino a 13-9. E qui compio la rimonta più clamorosa della mia carriera. Ribalto la situazione, Herey non si raccapezza più e sei stoccate consecutive mi portano tra i primi otto. L'avversario che ostacola il mio sogno di medaglia è il russo Pavel Sukhov, vecchia conoscenza perché già nel 2012, agli Europei di Legnano, mi aveva eliminato ai quarti per poi vincere il titolo.

La mia mente non è più attraversata dalle paure per

le tensioni intestinali, ma il mio corpo quel giorno ha scelto una via crucis particolare. Nei primi scambi cado male e mi procuro una ferita alla caviglia sinistra e una lieve distorsione che serve soltanto ad aumentare la carica agonistica, perché non sono certo un vittimista. Chissà, magari è il russo a convincersi di avere la sfida in pugno. Ma non è così. Stoccata dopo stoccata mi porto avanti e comincio a controllare l'incontro, anche se con molta fatica, facendo passare il tempo. Alla fine prevalgo 13-9 e comincio a urlare come un forsennato: «Medaglia! Medaglia!»

Sull'onda del mio entusiasmo fa le spese in semifinale un altro russo, Sergej Chodos, che tengo sempre a distanza di qualche stoccata battendolo abbastanza nettamente: 15-10. Sono in finale contro Yannick Borel, che a Rio l'anno prima si era preso l'oro olimpico contro di noi. Niente da dire: il francese è molto forte e io non riesco mai a mettere in discussione il risultato. Vince lui, meritatamente, ma il mio argento luccica eccome, per il percorso complicato che ho dovuto compiere per arrivare sin lì. Tutta la squadra azzurra applaude: un segno di rispetto che ho ottenuto con il sacrificio, a modo mio. Nel giorno in cui ho creduto che la mia carriera si stesse chiudendo male, per l'ennesima volta sono rinato. Ci sono voluti dodici complicatissimi assalti per salire su quel podio: che esaltazione quel sabato 17 giugno. Ancora 17. Alla fine riporto indietro anche i pantaloni macchiati: li ho sigillati in una busta e poi lavati più volte a Roma. Restano tra i miei ricordi, un simbolo che mi fa pensare che c'è sempre l'occasione per rialzarsi, anche quando la situazione sembra sommergerti. Non solo metaforicamente. Dimenticavo: non ho più mangiato salmone.

Fra l'Europeo e il Mondiale c'è circa un mese, che passiamo quasi tutto in ritiro con la squadra nel centro di preparazione olimpica di Formia. I ritmi sono duri, e come sempre gli scherzi diventano il sale per allentare le tensioni e divertirci un po'. Compagni di stanza, compari pure d'anello, quando però si tratta di organizzare scherzi io ed Enrico Garozzo diventiamo perfidi. Quello che vi racconto qui è il capolavoro assoluto del mio amico, studiato e realizzato con una perfezione tale che ripensandoci, anche con il senno di poi, scoprirlo prima sarebbe stato quasi impossibile.

Mi arriva una telefonata di Augusto Bizzi, fotografo ufficiale della Federscherma: la rivista *Vanity Fair* ha deciso di realizzare un servizio con me e Rossella Fiamingo, campionessa del mondo di spada, catanese anche lei. Mi avvisa dell'arrivo di un incaricato. Sono tutti complici dello scherzo, e la vittima sono io. Il servizio è credibile perché a realizzarlo arriva un altro fotografo che conosco bene: ha fatto il video del mio matrimonio. Già nei giorni prima i compagni cercano di gasarmi, e queste attenzioni ovviamente non dispiacciono. Prima del presunto servizio vengo addirittura truccato: la mia pelle troppo abbronzata non va bene. Poi sul set predisposto realizziamo varie pose, fino ad arrivare a una *fleche*, cioè un attacco veloce che devo portare a Rossella per essere immortalato in posa plastica. Proviamo e riproviamo, mentre intanto Garozzo, Fichera e Santarelli sono lì a godersi lo spettacolo.

Il fotografo appare poco convinto del risultato e si va avanti sudando sotto gli spot, quando i tre compagni in maniera scanzonata arrivano sul set e dicono: «Proviamo noi». Di colpo il fotografo è soddisfatto degli scatti; insomma, sarei stato letteralmente scalzato dal servizio, e la cosa mi fa montare la rabbia. Enrico però mi conosce bene, e un attimo prima che io esploda confessa lo scherzo. Resto come un allocco: l'organizzazione è stata davvero eccellente! Il mio amico Enrico si propone come autore di un'eventuale nuova edizione di *Scherzi a parte*.

Fra tanto sudore e qualche risata arriviamo in Germania e le sensazioni sono molto buone, completamente diverse da quelle che avevo in primavera, prima di partire per Bogotá. In teoria non c'era niente che andasse male, ma alla fine mancava qualcosa. In Colombia il cambio di passo. Grazie a quel risultato e all'argento europeo accedo al tabellone principale della rassegna iridata. A Lipsia sono già stato nel 2010, per un altro Europeo, ma i pensieri positivi nascono dalla presenza di Lavinia e di mia sorella Marina, spesso vicina nelle vittorie più importanti. Il giorno prima della gara individuale ricevo per messaggio da un amico una foto scattata in tempo reale: l'Etna è in eruzione. Altro ottimo segnale. Accarezzo il mio tatuaggio dedicato sulla spalla destra. Sono tutti fattori che aiutano la concentrazione.

Quando arrivo al palasport, di primo mattino, quel 22 luglio, la strada è subito irta come la scalata del mio vulcano. Il sorteggio mi ha messo di fronte Nikita Glazkov, un mancino russo particolarmente insidioso perché con la sua impugnatura alla francese risulta più rapido e meno leggibile negli attacchi. Mi lamento di questo sorteggio non proprio favorevole con Lavinia, che risponde secca: «Se devi fare così, non ci andare nemmeno in pedana». Giusto. Mi scuoto e mi butto in una sfida bella da vedere, equilibratissima ma estremamente complicata da vivere. Punto a punto si arriva al 14 pari. Tutto in una stoccata, dentro o fuori. Mi concentro su cosa fare, perché se in quegli attimi lasci spazio ai cattivi pensieri è finita. Respiro profondamente, metto la botta e vinco senza nemmeno esultare. Peccato che uno degli incontri più belli si disputi in una pedana periferica per il pubblico. Da lontano guardo Lavinia e Marina, un cenno di intesa e mi preparo ai sedicesimi. Trovo un altro russo, ancora lui: Pavel Sukhov. Un mese prima, all'Europeo, avevo vinto un assalto molto tattico. Stavolta è vera battaglia, ma arrivo in fondo più lucido, Chiadò mi ha dato le indicazioni tattiche precise per superarlo e piazzo le stoccate decisive: 15-13. Quest'anno sono io il suo incubo: gli ho sbarrato la strada all'Europeo e ora al Mondiale. Ma guai a fermarsi a queste considerazioni. Serve tenere alta la concentrazione. In cuffia ascolto *Impossible* dei Royal Bliss.

Have you had enough?
Are you feeling lost?
You remember when you promised love for me?

Ne hai avuto abbastanza?
Ti senti perso?
Ricordi quando mi hai promesso amore?

Impossibile. Come l'impresa che sto provando a sei anni di distanza. Come tutta la mia vita fatta di discese ardite e di risalite. Il mio avversario negli ottavi è di quelli che ti mettono pensieri positivi, perché nel 2011 battendo in finale Bas Verwijlen ho vinto il Mondiale. Ma non è solo questo: ogni schermidore entra in difficoltà con alcuni avversari e l'olandese mi soffre, non c'è dubbio. Questione di tempi. In effetti risulta essere l'incontro meno complicato della giornata. In controllo chiudo 15-10 e aspetto il mio avversario nei quarti, che verrà fuori dal match fra Jean-Michel Lucenay ed Enrico Garozzo.

Col mio amico i patti sono sempre stati chiari: sempre legati e ad aiutarci, ma quando mettiamo la maschera cambia tutto. Sì, lo confesso: ho tifato per il francese. Che è fortissimo, ma un incontro che poteva valere una medaglia contro Enrico sarebbe stato durissimo sotto il profilo psicologico. Ecco dunque Lucenay, uno degli spadisti col palmarés più invidiabile. A Rio ci ha battuti nella finale a squadre e ha un'esperienza incredibile. Io però sto bene e riesco sempre a mantenere un piccolo vantaggio di punteggio, fino al 14-13. A questo punto mi riesce un colpo molto spettacolare, che gli americani hanno ribattezzato *flunge*, un misto fra *fleche* e *lunge*. Sono entrambe azioni d'attacco: la prima si compie sbilanciando il corpo in avanti, la seconda invece comporta un diverso equilibrio sulle gambe. In effetti io stacco a piedi pari lanciandomi verso l'avversario. Si accendono entrambe le luci: una stoccata per entrambi. Sono fra i primi quattro! A questo punto esplodo di gioia: andare a medaglia nell'Europeo e al Mondiale nello stesso anno non è impresa semplice. E io ci sto riuscendo.

La gioia non mi toglie concentrazione. Voglio arrivare fino in fondo e mi sento molto bene. Avverto il grande beneficio che mi dà il lavoro portato avanti con Mike sulle apnee. Ho disputato fin qui tre incontri su quattro decisi all'ultima stoccata, e sono arrivato sempre lucido in fondo alle sfide perché il mio respiro è regolare e il cervello, ben ossigenato, sceglie senza stress le soluzioni migliori. Questo mi fa sentire ancora più forte anche se in semifinale trovo l'idolo di casa, il tedesco Richard Schmidt. Il pubblico che riempie il palasport è tutto per lui, e questo mi dà ulteriore carica. Cercano di sospingerlo ma sono io a condurre la sfida, che chiudo con un eloquente 15-10: per la seconda volta nella mia vita sono in finale a un Mondiale.

E che finale. Perché l'avversario è Nikolai Novosjolov, un estone che ha già vinto due volte il titolo iridato e che a Tbilisi, il mese prima, è salito sul podio anche lui vincendo il bronzo. Non c'è dubbio che siamo i due più in forma della stagione, e ora eccoci uno di fronte all'altro. Siamo proprio agli antipodi: lui alto, biondo, con gli occhi chiari, un atleta da sogno, stilisticamente molto bello da vedere. Io piccolo, nero e brutto per come resto basso e raccolto prima di scatenare la potenza delle mie gambe. Sono dentro una sfida che vale tanto, con grande consapevolezza. Mi godo ogni momento, è tutto diverso da quello che successe a Catania nel 2011, nella giornata perfetta.

E qui torniamo per un attimo all'inizio della stagione e al lavoro fatto col Maestro Andrea Giommoni sull'attacco «di raddoppio», quando tecnicamente si porta il piede sinistro in avanti fino a raggiungere il contatto col tallone del destro, per poi andare in affondo. Una sorta di *all-in*, per dirla in termini pokeristici. Una mossa che ora riesco a usare con continuità grazie alla maturità che ho raggiunto. Un'arma importante contro un avversario che in allungo ha un vantaggio di circa trenta centimetri.

Conduco fino all'11-8, la strada sembra in discesa. Ma l'estone è un campione, riesce a spezzarmi il ritmo e addirittura passa in vantaggio sul 13-12. Ora l'inerzia del match sembra tutta sua. Prendo un attimo di tempo, respiro a fondo, gli do l'impressione di indietreggiare, poi riparto e piazzo una *fleche* velocissima. La ritengo la stoccata più bella della mia carriera, una «frecciata» che toglie certezze a Nikolai e che restituisce a me i giusti equilibri. Piazzo le ultime due botte come se fossero quelle iniziali del match. Ho vinto, tolgo la maschera, abbraccio con grande stima l'avversario e poi resto a guardare tutto quello che mi circonda. Se a Catania ero una molla, ora sono calmo e sereno e non mi voglio perdere un briciolo di questa impresa favolosa. A trentaquattro anni eguaglio un mito dello sport italiano come Edoardo Mangiarotti; ed è proprio il paragone con lui, prospettato dai giornalisti nelle interviste, a farmi capire che sono entrato nella storia della scherma.

Aspetto che arrivino Lavinia, per un bacio appassionato, e poi Marina. Sono felice, ma da fuori quasi non si vede. Quando salgo sul podio canto l'inno di Mameli ed è qualcosa di straordinario, una sensazione mai più provata. Scandisco ogni parola per darle il giusto valore e intanto scorrono nella mente le immagini della mia vita vertiginosa, che non cambierei mai. Penso a mamma e papà, che non reggono l'emozione di essere presenti e se ne sono andati in Grecia, ma per via dei ritardi dei traghetti sono ancora in viaggio per Marathias. Un amico per messaggio ha raccontato loro la cronaca di questa giornata incredibile. Li sentirò la sera al telefono, ed è difficile per tutti trattenere la commozione. La notte non dormo. Ho paura di svegliarmi e scoprire che è stato solo un sogno. Con Lavinia al fianco è tutto diverso. È lei la mia certezza.

Questo 2017 favoloso si conclude col botto di fine anno: mia moglie è incinta. Avremo un figlio!

15

Piccole donne e supereroi

AUTUNNO. Guidonia. Interno casa. Sono su in camera quando Lavinia al piano di sotto mi chiama quasi con un urlo. Dal tono capisco che è importante. Dopo la vittoria al Mondiale abbiamo deciso che è il momento di allargare la famiglia. Spero che mia moglie voglia darmi proprio questa notizia. Scendo le scale quasi con lentezza, sto pregustando quello che mi dirà: il sorriso di Lavinia è solare, splendido. Non servono parole, restiamo abbracciati. Quel momento rimane scolpito nel cuore, perché avverti il forte senso di unione della famiglia. C'è grande gioia, senti la responsabilità, sai che presto la tua vita cambierà. Magari ancora non hai la reale dimensione di cosa significherà l'uragano Elena. Ma ci arriviamo un passo per volta.

Riparte la stagione agonistica e continuo con buone prestazioni a chiudere un 2017 eccellente. A Berna, a

Legnano e in Qatar ottengo ottimi piazzamenti che mi consentono di essere il primo nel ranking mondiale. Intanto però i dolori ai tendini del gomito destro sono sempre più forti e la mia scherma ne risente. Sono costretto a fermarmi, e a marzo 2018 mi opero. È il terzo infortunio grave della carriera. Nel 2006 la rottura dei legamenti del ginocchio l'ho assorbita in quattro mesi. Nel 2012 ci sono voluti due interventi per mettere a posto i tendini del polso. Ora questo problema al gomito si rivela il più difficile da superare. Nonostante il lavoro meticoloso con il fisioterapista Ferdinando Margutti, avverto un dolore tremendo e il tono muscolare è crollato in maniera evidente, mentre la flessione dell'arto è assai lontana dalla normalità quotidiana; figuriamoci per un atleta. Per non perdere i tempi della scherma riprendo ad allenarmi in pedana con il Maestro Giommoni, tirando di mancino.

Dolori e sofferenze fisiche passano in secondo piano perché la pancetta di Lavinia cresce, come il nostro entusiasmo per il nuovo arrivo. In aprile decidiamo di cambiare casa e andiamo a vivere ad Acilia, vicino al mare, il posto migliore per far crescere un bambino. Poi, la mattina del 7 giugno, una telefonata mentre sono in allenamento. È il momento. Lascio tutto e accompagno Lavinia all'ospedale Sant'Eugenio. Il travaglio è molto lungo, addirittura dodici ore. Cerco di rimanere freddo per sostenerla, ma dentro sono un vulcano. Di colpo entrambi, abituati nello sport a soffrire e reagire in ogni situazione, ci ritroviamo spiazzati dagli eventi. Sono state le ore più lunghe della nostra vita.

Seduta sul fitball Lavinia fa dei piegamenti per favorire il parto. Provo a vivere ogni momento come un dono, ma la sofferenza della mia compagna è tanta. Assisto al parto e rimango estasiato, ma anche scioccato dalla forza che le donne riescono a esprimere in questi momenti. Alla fine, quando è già notte, le fanno una puntura per indurre il parto. Ed ecco Elena: intirizzita, raggomitolata, imbronciata. Il primo contatto visivo è incredibile. Dentro senti una forza eccezionale, mai avvertita agonisticamente: sai che devi difendere quel batuffolo da tutto. Me la mettono in braccio, così posso ammirare i suoi occhioni azzurri, i riccioletti. Guardo Lavinia, raggiante anche se fortemente provata. Che grandi che siete, amori miei!

Con l'enorme forza che mi dà la famiglia provo a rimettermi in sesto, anche se il gomito non è guarito del tutto. Stringo i denti e rientro a luglio in Cina: a Wuxi voglio difendere il titolo mondiale. Vorrei soprattutto regalare un risultato a Elena. Ma lo sport è scienza e non sono nelle condizioni di essere competitivo a quei livelli. Supero agevolmente nei trentaduesimi il sudafricano

Pavel Tycler ma mi fermo ai sedicesimi con l'ucraino Roman Svičkar. Peccato, perché finisce alla stoccata di spareggio e perdo 15-14. Bravo lui: è in giornata e vincerà il bronzo, perdendo solo in semifinale col francese Yannick Borel, che si aggiudicherà il titolo. Nella prova a squadre perdiamo nei quarti contro una Svizzera in grande forma che vincerà il titolo. Mi rendo conto che la mia vita è stata stravolta da Elena, perché un minuto dopo la sconfitta penso a come rientrare in Italia e rivedere il prima possibile le mie donne.

Il mio fisico non è elastico ed è anche abbastanza pesante. Per essere competitivo devo portare il motore al massimo, con allenamenti pesantissimi a cui devo far seguire il riposo adeguato. Ma ora c'è Elena, e i suoi ritmi sono importanti. Lavinia non può fare tutto da sola. I turni di notte e anche di giorno sono pratici e al tempo stesso romantici, perché vivo ogni momento di crescita della piccola; quando tengo io la bambina vedere Lavinia che riposa mi fa stare meglio. Comincia a cambiare qualcosa nella testa: ogni ora in palestra mi sembra rubata a Elena, alla famiglia. Torno da un ritiro e la trovo cambiata.

Intanto crescono anche altri spadisti, come Gabriele Cimini. A maggio 2019 è in programma a Cali, in Colombia, una delle ultime prove stagionali di Coppa del Mondo. Arrivo in Sudamerica e qualcosa mi brucia dentro, ma non è il solito fuoco agonistico. Non riesco a determinare il mio destino sportivo. Vedo gli altri crescere sulla pedana, mentre io fatico. E non mi godo Elena. Passo una notte insonne, poi il primo con cui ne parlo è Enrico Garozzo. Gli spiego perché voglio lasciare la Nazionale. Mi chiede più volte se sono sicuro. Non ho dubbi.

Ne parlo anche con il ct Sandro Cuomo: non voglio arrivare per inerzia all'Olimpiade di Tokyo. Marco Fichera e Andrea Santarelli provano a dissuadermi: la chimica di Rio per loro è ripetibile, ma io mi sento svuotato, anche se la scherma è vita. Ritengo che lasciare la Nazionale sia una decisione onesta. Nell'ultima cena con i compagni, prima di ripartire, siamo tutti molto dispiaciuti. Si chiude una storia bellissima. Sono commosso. Chatto subito con Lavinia, perché la bimba dorme e così non la svegliamo. Le racconto della scelta, che lei aveva già intuito ma mi aveva lasciato assolutamente libero di decidere, da grande donna. Torno a casa consapevole di aver fatto la cosa giusta. Il gruppo sportivo dell'Aeronautica Militare rispetta ma non condivide la decisione, così come il Maestro Giommoni. In trasferta ascolto sempre nelle cuffie *Behind Blue Eyes* degli Who.

No one knows what it's like
To be the bad man
To be the sad man
Behind blue eyes.

Nessuno sa com'è
Essere l'uomo cattivo
Essere l'uomo triste
Dietro gli occhi azzurri.

In realtà gli occhi azzurri sono quelli di Elena in cui mi perdo, da uomo felice. In quella primavera intensa riesco a trovare il tempo per dare gli ultimi esami e prendere la laurea in Scienze motorie. Complice Lavinia, facciamo venire a Roma i miei genitori, che si ritrovano nell'Aula Magna del Palazzo dell'Accademia di Educazione Fisica, al Foro Italico, non per assistere a un convegno cui partecipavo – come gli avevamo fatto credere – ma per la discussione della mia tesi. Le loro facce di quel giorno non le dimenticherò facilmente. Al di là dello sport, con quella laurea ho fatto felici mamma e papà, che mi hanno sempre raccomandato lo studio. Certo, ce ne ho messo di tempo, ma con l'attività sportiva e famigliare quel diploma non è solo un pezzo di carta, bensì un trofeo conquistato con sacrificio e dedizione: 110 e lode meritato.

La mia carriera agonistica però non è finita, e mi riserverà altri momenti di gloria. A ottobre 2019 io, Matteo Tagliariol, dell'Aeronautica Militare come me, e Lorenzo Buzzi, dell'Esercito, veniamo convocati per i Giochi Mondiali Militari che si svolgono in Cina, a Wuhan. La cerimonia di apertura è grandiosa, spettacolare, niente da invidiare a un'Olimpiade. Siamo una squadra forte, e con Matteo e Lorenzo ci esaltiamo. Tra l'altro Tagliariol ha vinto l'oro olimpico proprio in Cina, nel 2008. Insomma, facciamo valere la nostra scuola di scherma eliminando i russi. Poi, superando in finale l'Ungheria, vinciamo la medaglia d'oro. Ancora una volta ho il privilegio di salire sul gradino più alto del podio e cantare l'inno di Mameli.

Nessuno in quel momento poteva minimamente immaginare cosa stava covando proprio a Wuhan: una pandemia che avrebbe paralizzato e condizionato la vita di tutti nei successivi tre anni. In Italia e nel resto del mondo lo avremmo scoperto solo nei primi mesi del 2020.

A casa comunque regna una gran bella atmosfera. Vedendo il dinamismo di Elena abbiamo programmato di regalarle un fratellino. Lavinia è di nuovo in attesa. Su una cosa sola siamo in disaccordo: lei vorrebbe un maschietto, io una femminuccia che sviluppi complicità con la sorella. Il 26 maggio del 2020 arriva Nicole. Il parto stavolta è più semplice e Lavinia non soffre come la prima volta. Tutto procede bene, e il momento più bello è il ritorno a casa, con Elena che regala dei fiori alla mamma e osserva per la prima volta quel fagottino che le sembra quasi un giocattolo. Gioia immensa e grande serenità in famiglia, anche se con due bambine piccole la quotidianità è ancora più complessa.

Peccato solo che nonna Lilyana voli via e non riesca ad abbracciare Nicole, mentre più volte Elena ha avuto la fortuna di arrampicarsi gioiosamente sul corpo sempre tonico della grande bisnonna.

In quello stesso periodo, durante una cena, il Maestro Andrea Giommoni comincia a martellarmi, dicendomi di riprendere l'attività internazionale. Questo apre una breccia nella mia mente. Avevo smesso per la famiglia, ma il fuoco dentro è rimasto intatto. Elena cresce bene, la nascita di Nicole è stata assorbita e decido di parlarne con Lavinia, che essendo stata una grande atleta capisce. A quel punto chiamo il nutrizionista Luca Di Tolla e inizio un programma alimentare: perdo otto chili e torno in pedana. Ne parlo col ct Sandro Cuomo, che mi tiene in considerazione per le convocazioni del gruppo azzurro.

In settembre rieccomi a Formia, con i vecchi compagni e amici che mi accolgono bene, nonostante l'inevitabile concorrenza fra di noi. Poi però le successive ondate di Covid riducono la stagione a una sola gara, a Kazan: entro nei trentaduesimi ma perdo di una stoccata. In quel momento avrei dovuto fare un miracolo per far cambiare al ct le gerarchie in vista dell'Olimpiade. Ma anche se a Tokyo non sono andato, non mollo.

La primavera del 2021 mi regala anche altre soddisfazioni: mi iscrivo al corso di laurea magistrale in Management dello sport e vengo eletto, in rappresentanza degli atleti, membro della Giunta Nazionale del CONI, dove il presidente Giovanni Malagò mi accoglie con entusiasmo e stima. Considerati tutti questi impegni e il sogno olimpico svanito, immaginerete un Pizzo ormai in disarmo sulla pedana. Sbagliate. Mi sono allenato bene tutta la stagione e ottengo un risultato sorprendente (per gli altri) agli Assoluti di Cassino. Questa vittoria mi ha dato un gusto particolare, diverso, per la maturità che ho raggiunto come uomo oltre che atleta; un successo di cui vado molto orgoglioso e che arriva alla fine di una settimana di fine maggio decisamente faticosa.

Il martedì io e Lavinia firmiamo il contratto preliminare per l'acquisto di una nuova casa, immersa nel verde, con tanto spazio per far crescere le bimbe all'aria aperta, in un bel parco a sud di Roma. Il mercoledì supero a pieni voti l'esame di Economia aziendale, senza contare che, oltre agli allenamenti, ci sono anche i primi impegni al CONI per la Giunta. Il venerdì, quando la maggior parte degli atleti è già a Cassino, decido di dormire comunque a casa, così fino a sera faccio giocare le bimbe, come sempre. Al mattino del sabato parto presto con buone sensazioni. Alla fine, saranno 13 assalti in 10 ore di gara: tanti per un vecchietto… Tra l'altro nei quarti ritrovo l'amico-nemico di sempre, Matteo Tagliariol: sul 13 pari riesco a metterci qualcosa in più per prendermi il podio. Una sfida che da sola vale idealmente il titolo.

In semifinale c'è l'avversario che non ti aspetti, perché Enrico Piatti ha battuto Andrea Santarelli, vale a dire uno dei primi cinque al mondo. Enrico lo conosco bene perché è con me in Aeronautica, ha grandi potenzialità e la metà dei miei anni, ma parto all'attacco e mi riesce tutto. La finale è col mio amico Enrico Garozzo. Ha problemi muscolari e prima della gara scherziamo in siciliano. Mi prende in giro per la mia pancia, gli rispondo che ha sei anni in meno ma più acciacchi fisici di me. Rimango però concentrato, non mi fido dei suoi crampi. Ovviamente fa di tutto per vincere, ma è costretto a mollare il match a metà a causa dei problemi fisici, mentre io sono in vantaggio. Un podio che mi sono goduto per il percorso compiuto.

Peccato non ci fossero le bimbe. Loro comunque sono il mio miglior allenamento per la destrezza. Inseguire Elena e Nicole quando alle 6.30 del mattino le sveglio per lavarle e fare colazione, mentre Lavinia è già al lavoro, è molto più faticoso della pedana. La grande salta da ogni parte, la piccola è già scatenata e fa le cose più pericolose. Così scatto in ogni angolo della casa per evitare brutte sorprese. Poi, tra un allenamento e l'altro, quando le riprendo all'asilo, le porto al parco o al mare per un paio d'ore, loro si scatenano e per me è un'altra dura seduta di preparazione. Dopo cena, quando dormono, un po' di tempo per lo studio. E siccome le cose facili non mi appartengono, arrivano gli impegni anche come mental coach, un'attività che mi appassiona grazie agli insegnamenti di Marco Mazzieri e Luigi Mazzone. Le vie della mente sono infinite: ho deciso di seguire parallelamente anche un corso di laurea in Psicologia per allargare lo spettro delle mie conoscenze. Così, grazie ai progetti e alle strutture digitali che oggi offre l'università italiana, mi sono lanciato in questa nuova sfida.

Insomma, i miei primi quarant'anni sono quelli di un uomo felice, con al fianco una donna alla quale basta uno sguardo per farsi capire, una grande famiglia alle spalle e due bimbe strepitose, anche se dal carattere completamente diverso. Elena è esuberante, curiosa, dalla personalità molto definita, persino giudiziosa. Somiglia alla mamma: nello sport si diverte ma sa anche accettare la sconfitta. Nicole già si è capito al parto di che pasta fosse fatta: è letteralmente scattata sui blocchi. Non accetta compromessi e vuole sempre imporsi. È una grande agonista: compete solo per vincere. Diciamo che somiglia più a me. Nella mia giornata c'è sempre spazio per loro, per giocare insieme. Ed è davvero uno spasso. Nicole mi fa morire dal ridere quando comincia a cantare la sua canzone preferita di Mr. Rain, *Supereroi*.

Camminerò
A un passo da te

E fermeremo il vento come dentro agli uragani
Supereroi
Come io e te
Se avrai paura allora stringimi le mani
Perché siamo invincibili, vicini
E ovunque andrò sarai con me.

Sarò sempre il vostro supereroe, piccole mie, perché i superpoteri me li danno i vostri sorrisi. Un eroe che per tanto tempo ha vinto con la spada, ma nel suo cammino ha imparato anche a porgere la mano a chi ha bisogno di rialzarsi. E ora sa come si fa.

Buona vita a tutti.

Palmarés

COMPETIZIONE	LOCALITÀ	ANNO	MEDAGLIA
Mondiali	Catania	2011	Oro individuale
Mondiali	Lipsia	2017	Oro individuale
Coppa del Mondo	varie	2011	Primo
Olimpiadi	Rio de Janeiro	2016	Argento a squadre
Europei	Strasburgo	2014	Argento individuale
Europei	Toruń	2016	Argento a squadre
Europei	Tbilisi	2017	Argento individuale
Giochi Mondiali Militari	Wuhan	2019	Oro a squadre
Masters	Parigi	2011	Primo
Europei Giovani	Conegliano	2002	Bronzo a squadre
Universiadi	Belgrado	2009	Argento individuale Argento a squadre
Coppa Europa per club	varie	2009	Oro Aeronautica Militare

COMPETIZIONE	LOCALITÀ	ANNO	MEDAGLIA
Assoluti	Conegliano	2002	Bronzo Aeronautica Militare
Assoluti	Napoli	2007	Bronzo individuale Argento Aeronautica Militare
Assoluti	Spoleto	2008	Oro Aeronautica Militare
Assoluti	Tivoli	2009	Argento Aeronautica Militare
Assoluti	Siracusa	2010	Argento individuale Argento Aeronautica Militare
Assoluti	Livorno	2011	Oro Aeronautica Militare
Assoluti	Bologna	2012	Oro individuale Argento Aeronautica Militare
Assoluti	Acireale	2014	Oro individuale Argento Aeronautica Militare
Assoluti	Roma	2016	Oro Aeronautica Militare
Assoluti	Gorizia	2017	Argento individuale
Assoluti	Cassino	2021	Oro individuale

Ringraziamenti

SPERIAMO di avervi trasmesso emozioni. Noi possiamo assicurarvi che in questi anni ci siamo appassionati parecchio per realizzare e poi promozionare questo libro che è diventato anche un film. E se siamo a una nuova edizione, vuol dire che qualcosa di interessante siamo riusciti a raccontare. Fra noi si è creato un clima di complicità e intesa, utile per esorcizzare i momenti più delicati del racconto e poi anche per seguire i passi delle riprese cinematografiche in Sicilia, come a Roma.

Se tutto questo è stato possibile il merito va anche alla regia discreta dietro le quinte di Enrico Gelfi, amico e consigliere speciale.

Ringraziamo, anche per la pazienza, le nostre mogli: Lavinia, che ha ispirato come Musa i passaggi più romantici, e Angela, che con puntigliosità ha controllato la scrittura.

E poi mamma Patrizia e papà Piero, la sorella artista Marina, gli «storiografi» zii Giovanni e Patrizia, il cugino «genio» Alessandro e tutta la grande Famiglia Pizzo. Senza di loro non ci sarebbe stata storia, in tutti i sensi.

Un pensiero per Anna e Giancarlo, della Banca Centropadana, che in questi anni ci sono stati vicini nel percorso di testimonianza per le scuole. E restando a scuola, grazie al sostegno di eCampus, l'università digitale che mi supporta nel cammino verso una seconda laurea

Grazie anche ai correttori di fiducia: Bianca, Marco e il suo assistente Giuseppe, e Massimo, che è sempre il massimo.

Infine la dedica per Elena e Nicole: sono nate dopo questo libro, ma se ne sono prepotentemente «appropriate». Un giorno leggendo queste righe conosceranno meglio il loro papà.

PAOLO e MAURIZIO

Certificato PEFC

Questo prodotto è realizzato con materia prima da foreste gestite in maniera sostenibile e da fonti controllate

PEFC/18-31-226

www.pefc.it

GRAFICA VENETA
GV CARBON NEUTRAL

Questo libro è fabbricato da Grafica Veneta S.p.A.
con un processo di stampa e rilegatura certificato 100% carbon neutral
in accordo con PAS 2060 BSI

Finito di stampare presso Grafica Veneta S.p.A.
Via Malcanton, 2 – Trebaseleghe (PD)
Printed in Italy

Prova d'acquisto
978-88-200-7730